阿部浩己 著

抗《あらが》う思想／平和を創る力

不磨書房

プロローグ ——揺らぐ戦争違法の理念——

小さな機影が吸い寄せられるように世界貿易センタービルに突入していった光景は、今でも鮮明に思い起こすことができる。

あの日を境に世界の風景がひどく変わってしまったと感じている人は少なくあるまい。確かにそうだ。アフガニスタン戦争、イラク戦争といった表現がさしたる抵抗もなく使用され続けることで、戦争は違法で許されないという当たり前のことすら忘れさられてしまったかのようである。戦争の違法化は二〇世紀の国際法が残した最大の遺産と思っていたが、その根幹がぐらぐらと揺れ動いてしまっている。

揺れ動いているもう一つの遺産は平等観念である。国家の平等という基本原則が急速に侵食されている。政治体制が異なろうと、経済体制が違おうと、そこに棲《す》まう人間たちの創り上げた国家であればひとしく平等である、というのが国連憲章を支える基本理念であった。国家は多様であってよい。国連憲章はそういっている。その状況が大きく変わってしまった。

欧米型民主主義と市場経済を採用しない国は、存在そのものが国際平和への脅威とみなされ、経済制裁や軍事的圧力により体制の変革を迫られる例が増えている。

体制の変革を迫られるのは、そこが〈テロリスト〉の巣窟とされるからだ。テロという記号が動員されるとき、人々の思考は麻痺し、法の適用も停止される。あらゆる力を行使して、この危険な存在を破砕しなくてはならない。得体の知れぬ恐怖にかられ、許されるはずのない拷問までもが広範囲にわたって醜悪な姿を現すようになった。アブグレイブ刑務所はその象徴というべき所である。

人間が人間であるかぎり、いかなる状況にあっても拷問は絶対に禁止する。それが国際法の要請である。そうとすれば、拷問の公然たる標的となったテロリストたちはもはや人間とはみなされなかったというしかない。

拷問だけではない。アフガニスタンやイラクでその生命、自由、生活を瞬時にして破壊されてしまった無数の人たちもまた、人間としての扱いを否定された存在である。すべての人間は平等であるという世界人権宣言の根底が、そこかしこで激しく損なわれている。「北」（先進国）の安全保障という至上の目的を実現するために、国家間と人間間に序列をつけ、力によって脅威を排除する営みが九・一一後を覆ってきたといってよい。

だが、それで世界は安全になったのだろうか。武力が行使され、拷問が加えられれば、

〈私たち〉の安全は保たれるのだろうか。ポスト九・一一は、「力こそ正義なり」という暴力的風潮にまみれた時期でもあった。しかし、いくばくかの冷静さをもって周囲を見やるまでもなく、私たちにはもう十分すぎるほど分かったのではないか、力と排除によって世界を安定させることはできないのだ、ということが。

国際法は、非暴力と平等を地球社会の根本価値に刻み込んでいる。大いなる逸脱を経験してしまったが、この価値を確固として現実に根付かせる、真の意味での二一世紀的営みを、そろそろ本格的に始めるべきときではないか。九・一一から学ぶべき最大の教訓は、不公正な秩序を根本から是正することなく世界にほんとうの平和は訪れない、ということだったはずである。

■抗《あらが》う思想／平和を創る力

目次

Ⅳ　〈再びの一九世紀〉を超えて

Ⅴ　未来を紡ぐ

I

国際人権法の現在《いま》

抗《あらが》う思想／平和を創る力

1　抵抗と解放のためにこそ

1　国際的な連帯

エリノア・ルーズベルトと世界人権宣言

「すべての人民とすべての国とが達成すべき共通の基準」を謳いあげる世界人権宣言が国連憲章を母体に生を享けたとき、国際人権運動の端緒が本格的に開かれた。人権に関心をもつ者であれば誰もが知るその偉大な国際人権文書の採択は、しかし、一九四八年一二月一〇日の時点にあって、人々の大きな関心を集めていたわけではなかった。

世界人権宣言のすべての条文を記載した大きなポスターを手にした、エリノア・ルーズベルトの姿が大写しにされた写真を目にしたことがある人もいるだろう。フランクリン・ルーズベルト夫人として紹介されることの多いエリノア・ルーズベルトである。きわめて興味深いことに、世界人権宣言は、そのエリノア・ルーズベルトという女性が、卓抜した指導力を発揮してつくりあげたものでもあった。女性の参政権すら否定する国がいまだに多かった当時の出来事として、画期的であったといえるかもしれない。

　しかし、これは歴史の偶然でもあった。人権は、安全保障のような高位の位置づけを政治の世界では与えられていなかった。ハイ・ポリティックスではなく、ロウ・ポリティックス、つまり、高次ではなく低次の政治問題としてしか位置づけられていなかったのである。男性の政策決定エリートは、人権を大切な国際政治の問題であるとは認識していなかった。だからこそ、女性であるエリノア・ルーズベルトがアメリカ合衆国政府代表として世界人権宣言の起草にあたることができた。人権と女性の地位がともに低かったという〈必然〉が、エリノア・ルーズベルトと世界人権宣言とを引き合わせる〈偶然〉を演出したといってよい。

　語弊を恐れずにいえば、世界人権宣言は、世界の片隅でひっそりと生み出された。しかしこの宣言は、思想的には、人類の歩みに劇的な転換をもたらす巨大なインパクトをもつものにほかならない。私の敬愛する学者の中に、ウペンドラ・バクシという人がいる。インド・デリー大学の副総長を経て、現在はイギリスにあるウォーウィック大学で法と開発の問題について研究している教授である。あまりに奥行きのあるその哲学的思索には、私自身の浅学非才を思い知らされ、時にめまいを覚えるほどだが、非欧米的視点あるいは「南」の視点から人権の意味を追求し続ける徹底した姿勢とその知的廉直さに、私は強く引き付けられている。そのバクシ教授の用いる表現を借用するなら、世界人権宣言は、modern human rights

をcontemporary human rightsに転換させる国際的契機になったといっていいのではないか。日本語に訳すなら、近代的な人権を現代的な人権に、ということである。

近代的人権と現代的人権

近代的人権と現代的人権の違いはどこにあるのだろうか。一言でいえば、排除と包摂の違い、というべきものかもしれない。人権とは人の権利であることはいうまでもないが、人とはいったい誰なのだろう。Who is human？

近代的人権は、人間の中に人間でない存在、つまりは〈非人間 inhuman〉を作り出し、排除の力学を作動させる言説的論拠になった。特定の人間たちを権利の享有主体として法のうちに包み込む一方で、それ以外の人間集団は人間に値しないとして法の外に放り出し、つまりは、法の〈他者 the Other〉として、非人間的扱いを正当化してきたのである。人間ではない、あるいは、人間として劣等なのだから、そうした扱いは人権侵害にはあたらなかった。法の他者に貶められた人々は、国際的には、植民地主義の下に支配・従属を受けることとなった。植民地支配を正当化していた先占の法理を支えるterra nullius、つまり「無主地」という概念は、少なくとも、人間が現実に住んでいるにもかかわらず適用されたかぎりにおいて、人間の中に劣等な存在あるいは非人間を作り出す、実に差別的、より正確には人種差別的な概念にほかならなかった。それが近代的人権の下では許されていたわけである。

人間でないのだから、非人間的扱いは人権侵害にあたらない。いま、私はそう表現した。

これをもう少し敷衍すれば、非人間的な扱いをされた人々がこうむった危害や苦痛は法の枠内ではまったく不可視のものとされ、その苦しみや悲しみは法的な救済の対象にはならなかった。近代的人権は、人間でない人びとを法の外に排除することを正当化することで、支配・従属の関係を強化するという、統治あるいは統治者の論理でもあったわけである。人権は、人間のための論理であったわけではない。

これに対して、現代的人権は、「人類共同体のすべての構成員の固有の尊厳と、平等で譲ることのできない権利」に根差している。すべての人間が権利の主体だということである。そして、もうひとつあわせて重要なのは、自決の権利 right to self-determination を礎としていることだ。世界人権宣言を条約化した国際人権規約は、共通一条において、こう規定している。「すべての人民は、自決の権利を有する。この権利に基づき、すべての人民は、その政治的地位を自由に決定し並びにその経済的、社会的及び文化的発展を自由に追求する。すべての人民は自己のためにその天然の富及び資源を自由に処分することができる。人民は、いかなる場合にも、その生存のための手段を奪われることはない」。

自決の権利は、植民地支配に抗う法的な拠り所になり、また、人民の意思こそが統治・政府・国家の源泉になるべきことを宣言するものであった。北／南、東／西を問わず、つまり、人種等による差別なく、すべての人民は同等の立場に立って、自らの政治・経済・社会・文化的制度を自ら決することができる。そして、自らが創りあげた制度の下で、すべての人間が、国際的に承認された人権基準を平等に享受する。世界人権宣言を引き受けた国際人権規約は、そういう構図を描いたわけである。

別の角度からいえば、現代的人権は、統治の論理ではなく、むしろ、抵抗の論理というべきものである。すべての人間は人間として声をあげることができる。人権侵害の証人になることができる。そして、不正義に抵抗することができる。近代的人権から現代的人権への移行により、人権ははじめて人間化されたといえるかもしれない。

現代的人権は、人権の普遍性に依拠している。だから人間は国境を超えて連帯できるようにもなっている。もっとも、人権の普遍性というのは、実は、とてもやっかいな言葉であり、普遍性を簒奪する者によって簡単にハイジャックされてしまうおそれもある。それだけに、人権の普遍性を語るときの基本的視点として、抽象的な正義であるとか抽象的な人権規範のあり方に固執するのではなく、むしろ、具体的な不正義や具体的な被害の実態に目を向けることの重要性を確認しておきたい。人権や正義の普遍性を語るよりも、不正義や被害の普遍性を語ることが大切ではないかということである。

人間が連帯できるのは、人権や正義が概念として普遍的であるからというよりも、人間としてこうむる不正義や怒り、被害が共通しているからなのではないか。人権の普遍性を掲げて他国に立ち入るよりも、被害の普遍性をもって連帯するということである。もう一人の私の敬愛する学者であるエドワード・サイードの言葉を借りるなら、「それは共感であり、他者の忖度」ということになる。被害が普遍性をもつから、その反作用として定立される人権規範にも普遍性の相貌が装着されるわけであって、その逆ではない。具体的な名前と顔と声をもって日々の生活を営む具体的な人間の姿、そしてそこに現れ出た具体的な不正義こそが、国際的な連帯を可能にする、人権の普遍性の礎なのだということを忘れてはならない。

2 人権の普遍性

ウィーン宣言・行動計画

人権の普遍性が最も激しく議論されたのは、一九九三年の世界人権会議にいたる過程であった。ウィーンで二五年ぶりに開かれた世界人権会議は、世界人権宣言を二一世紀に架橋するウィーン宣言・行動計画を採択して無事閉幕したが、そこは、欧米諸国とアジア諸国が人権の概念をめぐり激しく言説の闘いを交わす場にもなった。この闘いは、欧米の掲げる普遍主義とアジアの掲げる相対主義の闘いとして定式化されたが、人権は普遍的か相対的かという二分法の磁場が強引に設定されるときには、きまってその背後に政治的利害が控えているものである。私には、欧米諸国もまた欧米的相対主義をかかげているように見えた。とりわけ、普遍的人権観をリードするアメリカは、社会権規約や子どもの権利条約、女性差別撤廃条約、さらには各種個人通報制度など主要人権条約のスキームに真っ向から背を向け、同時に、締結した人権条約にも重層的な条件をつけるなど、まさにアメリカ流文化相対主義を体現しているように思えた。その様は、イスラムの教義あるいは経済開発などを口実に国際人権の実現に消極的なアジア・中東諸国政府とまったく瓜二つに見えたものである。

ウィーン宣言・行動計画が産み落とした最大の成果は、国際人権コミュニティの長年の夢であった国連人権高等弁務官ポストの設置である。国連事務総長に次ぐ高位のポストとして生を享けた人権高等弁務官は、「静かな外交 quiet diplomacy」の中に沈みこんでしまったアヤラ・ラソを経て、人権の闘士メアリー・ロビンソンを二代目に迎えたことにより一躍その役割が活性化され、国連内で、ひいては、国際社会全体で人権の主流化が一気に推し進められていくことになる。この間、〈人間〉の内容も具体化され、女性、子ども、難民、移住労働者、障害をもつ者、先住民族、マイノリティというように、具体的な人間存在が人権言説を彩るようになった。政治思想家リオタールの言葉に引き付けていえば、人間という「大きな物語」が終わり、人権法分野において人間存在の具象化がはじまったというべきなのだろうか。ポストモダン的思潮には批判も少なくないが、私は、現実の人権活動の文脈に身をおく中で、リオタールの次の指摘に大いなる共感を覚えている。彼はこういっている。「ポストモダンの知は、差異に対するわれわれの感受性をより細やかに、より鋭く、また共約不可能なものに耐えるわれわれの能力をより強くするのである」。

ジェンダーの主流化と人権

こうした思潮の中でとりわけその存在を可視化させているのは、女性たちである。男性的な人間をモデルとして組み立てられた人権規範あるいは人権制度を、女性という他者の視点をもって組み替える営みは、ジェンダーの主流化を生み出し、人権の主流化とセットになって、九〇年代以降の国際社会のありかたに多大な影響をあたえるようになった。

もとより、人間が女性になり子どもになり先住民族になるというように、人間存在の具象化が進むことによって人間間に共通項がなくなってしまうわけではない。人間間に共通項がなくなってしまえば、もはや、人権そのものが成立しなくなってしまう。理論的にはもちろん、そういってしまうことも可能ではあるが、私は、人間の具象化は、逆にそれぞれの場で生じる不正義や被害の普遍性を浮き立たせる効能をもつのではないかと思っている。大人の論理で子どもの人権侵害は語れない。男性の論理で女性の人権侵害を語ることもできない。子ども、女性、先住民族というように、あるいは、先住民族の子どもの女性というように、具体的なそして複合化された文脈に人間存在を敏感に引き寄せることで、そこに生じている不正義や被害を浮き上がらせることができ、それによって人権の普遍性が逆に鍛えられていくのではないかと思う。人権の普遍性は、人間がこうむる不正義や被害の普遍性・共通性によって支えられているわけである。こうした人間存在を具体化する営みの継続こそが、真の意味で、排除ではなく包摂を理念とする、現代的な人権の理念を現実化することにつながっていくのではないだろうか。

国際人権法の発展

ウィーン宣言・行動計画は、世界人権宣言が採択されてから四五年目の年に採択された。この間に、現代的な人権をバックボーンとする国際人権法は著しい発展を遂げた。とりわけ、一九七〇年代末からは、国連人権委員会や人権小委員会を中心に人権の国際的実施が本格化し、なかでも、一九八〇年にはじまった人権委員会のテーマ別手続きは、それまでの国別手続きが、常に政治的選別性の批判をまぬかれえなかった現実への有効な対応として、文字どおりすべての国を対象に、人権侵害状況の調査とそれにもとづく斬新な勧告を各国に提示するものとなった。

八〇年代になると、米国のロースクールに国際人権法の講座が漸増し、そこで身につけた最新の法理論を引っさげた若き法律家たちが、国内法廷の場に国際人権基準を持ち出し、しかも、勝訴を導くという驚くほどダイナミックな展開を創出するようになる。なかでも一九八〇年に米国第二巡回区控訴裁判所で下されたフィラルチガ対ペーニャ・イララ事件判決は、国際人権訴訟という新たな法廷闘争の現実的有効性を、世界の多くの人権法学者・実務家に刻み込む、歴史的な判決であった。

この判決は、国際人権ＮＧＯの代表格アムネスティ・インターナショナルと、米国が世界に誇る法曹ＮＧＯ、Center for Constitutional Rights の協働作業の賜物といってよい。外国人不法行為請求権法という、一八世紀末に制定され長らく埃《ほこ》りをかぶっていたこの法律を現代に蘇らせ、拷問という国際犯罪を不法行為に連結させたその営みは、まさに、創造的というにふさわしいものであった。外国人不法行為請求権法を用いた訴訟は、トランスナショナル公法訴訟とも称されるようになり、現在では、多国籍企業の人権侵害を裁くためにも利用され、世界の多くの人々の期待を背負うようになっている。

一九八〇年代に国際人権法がようやく現実と切り結びはじめたとき、私もまた、大学を卒業し、この業界の活動に手を染めるようになった。米国のロースクールで国際人権法を学び、その後、短期間であったが、ワシントンＤＣにある米州機構・米州人権委員会事務局で研修する機会に恵まれた。北米・中米・南米・カリブ海の国々が加盟する米州機構には、米州人権委員会という主要機関があり、米州人権宣言と米州人権条約等の履行を監視する役割を担っている。米州人権委員会事務局では、米大陸各地から寄せられた米州人権宣言・米州人権条約違反の申立てを処理する仕事に携わったが、最も印象的だったのは、未成年者の処刑を止めようとするアメリカから寄せられた申立てである。その申立ては、当時の私のあこがれともいうべき著名な国際人権法学者が実務家と協働して作成したもので、条約の解釈規則について定める「条約法に関するウィーン条約」の関連条項を巧みに利用し、米国の国際法違反を説得的に主張するものであった。

その中立ての原本を手にしたとき、私は二つの意味で強い感動を覚えた。一つは、国際法を創造的に活用することで人権救済の可能性を広げられるということを実感したこと、そしてもう一つは、人権法の学者が研究だけでなく実践にも積極的に関わっていくことがいかにスリリングであるかを感得できたこと、である。その後、アムネスティ・インターナショナル代表団の一員として、国連人権委員会や世界人権会議（アジア地域会合）などの場に参加することができたが、あのときの体験が原体験となって、いまでも、私自身の国際人権法への関わり方を規定しているように思う。

人権条約の発展

九〇年代に入ると、すでに触れたように人権の主流化が進むが、特に注目されるのは、人権条約の履行監視機関が冷戦の縛りを解かれ、活発に活動をはじめたことである。冷戦の政治的文脈のなかで沈黙を強いられていた社会権規約は、フィリップ・オルストンとブルーノ・シーマという二人の傑出した法学者の主導の下に、ようやく人権条約としてその存在を認知され、社会権規約委員会は、堰を切ったかのように最も進歩的な人権条約機関として、国際人権活動の中心に躍り出た。その一方で、多彩な顔ぶれからなる子どもの権利委員会の活動は、条約の解釈を法律家だけにまかせておく必要はないことを改めて知らしめるものともなった。

ますます存在価値を高めるヨーロッパ人権裁判所の判例に最もよく表れ出ているように、人権条約の解釈はこんにちでは、目的論的に、もっといえば、発展的におこなわれるべきものであるという認識が一般化したように思う。「発展的解釈 evolutive interpretation」というもので、社会状況の変化を踏まえ、人権条約を意味あるものとして生かす解釈手法である。日本やアメリカの裁判所が固執する、文言解釈や原意主義的解釈の手法とは好対照をなしている。

人権条約は、締約国の主観的な利益を実現するための法文書ではなく、人間の尊厳を法益とする客観的な法秩序を構築するものである。その履行を監視するために設置された国際的機関として、人権条約機関が国家主権ではなく人権の実現に有利な解釈を示すのは当然のようにも思えるが、実際には、これは、奇跡的なことというべきである。人権条約機関の委員の任命は、各国政府のコントロールをまぬかれられないのが現状である。ところが、人権条約機関を構成する専門家には、リベラルあるいはプログレッシブな人々が少なくなく、そうした人たちの知的・学問的良心が、人権条約機関の先進的な営みの源泉になっている。国家主権システムの中に、こういった稀有な現実が生み出されていることを単に喜ぶだけでなく、それを奇跡ではなく、制度として担保し、さらに強化していく策を私たちはきちんと考えるべきであろう。

九〇年代にはこのほか、「不処罰の連鎖」を絶つ国際刑事手続きの進展も見られ、そして、二一世紀が深まる二〇〇六年に至り、人権委員会も人権理事会に改組された。

ＮＧＯ

八〇年代から九〇年代にかけて、そして二一世紀に入り、国際人権法はますます「進化」し、国際人権活動は隆盛をきわめているようにも見える。世界人権宣言は、もはや世界の片隅で静かにたたずんでいる法文書ではなくなっている。こうした発展を下支えしているのは、いうまでもなくＮＧＯである。世界人権会議など九〇年代に断続的に開かれた国際会議を経て、ＮＧＯの地位はいまでは確固たるものになっており、ＮＧＯの専門性とその積極的な関与なく国際人権活動は成り立たない、といって過言でない。人権条約をつくり上げる過程にＮＧＯを欠かすことはできない。政府報告制度、個人通報制度といった人権条約の履行監視過程に、ＮＧＯの貢献は不可欠である。国連のテーマ別・国別手続きも、ＮＧＯの情報なくして生命力を保つことはできないだろう。

3 逆流の噴射

九・一一

人権主流化の力学が強化される一方で、二〇世紀最後の一〇年に始まった二つの世紀を架橋する時の流れは、底流において、国際人権法の根幹を揺さぶる深刻な事態をもたらしていることも見落としてはならない。とりわけ、九・一一の衝撃は、〈テロリスト〉という〈法の他者〉の創出を通じ、人権法の保護が及ばぬ人間群、つまりは非人間とでもいうべき存在をつくりあげ、その排除・根絶のために国際／人権法が改変・動員されるという事態をもたらしている。〈テロリスト〉は、人権が大規模に侵害される非民主的な国家を温床としており、したがって、国際社会の安定のためには、そうした国家を、場合によっては軍事的手段を通じて、民主的で人権を守る国家に生まれ変わらせることが不可欠であるという論理が、ここ数年の間に急速に広まっていったように思う。

九・一一後、米政府がグアンタナモ基地やイラク・アブグレイブ刑務所において、系統的に拷問を積み重ねていたことは、今や「公知の事実」に属することといって差し支えない。二〇〇二年一月のゴンザレス法律顧問メモに始まる拷問規範の著しい弛緩は、その公然性と広域性において、比類なきほどのものといってよい。二〇〇二年一二月になると、テロに関与したとされる者を取り調べるため、米政府が各国に容疑者を秘密裡に移送しているとの報道が徐々になされるようになった。移送先は、エジプトやモロッコ、シリア、ヨルダンといった、米国務省の年次報告書自体が、重大な人権侵害国あるいは拷問国と名指しているところである。こうした米政府の移送政策は、端的にいって「拷問の外注（外部委託）」と表現すべきものである。

拷問

「拷問の外注」は、二〇〇六年六月にヨーロッパ評議会に提出された報告書が明らかにするところによれば、イギリスやドイツ、スウェーデン、イタリア等を含む多くのヨーロッパ諸国政府の「共謀」の下に実施されていたという。その広がりにも驚きを禁じえないが、人道活動において世界的に名高いカナダでは、行政府だけでなく連邦最高裁判所から、拷問についての司法的承認が与えられるまでになっている。重要なことは、拷問禁止規範そのものがまるごと放棄されたわけではないということである。発せられているのは、拷問は特定の目的をもって特定の人々に対して行う場合には許容してよいのではないか、というメッセージである。

特定の目的とは「対テロ戦争」であり、特定の人々とは〈テロリスト〉、それもイスラムと結びつくテロリストのことである。安全保障という上位目的のために、拷問の絶対的禁止を求める人権規範の内容を改変し、テロリストたちへの拷問の賦課を是認しようとする流れが公然と噴出した。人間が人間である限りにおいて拷問は許されないと、拷問禁止条約は示唆している。それなのに拷問を政策的に許容される人々がいるというのなら、その人々はもはや人間とは扱われていないというしかない。少なくとも、「私たち」と同じ人間の範疇には入らないということである。

拷問は尋問方法として実に非効率的なものであるといわれている。拷問をしたからといって、テロにかんする正しい情報は引き出すことなどできない。にもかかわらず拷問が行われるのは、そこに「恐怖」が付随しているからである。拷問の対象となるテロリストあるいはテロリストとつながる集団・国家は、存在そのものが危険視され、徹底的な鎮圧と支配の対象になる。言い換えれば、存在そのものの非人間化がはかられ、拷問により、テロリスト（集団）の信念や価値が暴力的に破砕されるわけである。圧倒的な力の違い、そして支配と服従。人間の尊厳という人権を基礎づける共通理念は、もはやその情景の中に落ち着き場所を見出すことはできない。拷問の容認は、人間という記号そのものの解体をうながすものでもある。

グアンタナモの惨劇

頭にフードを被せられ、鎖でつながれた最初の二〇名が連れて来られてから五年を経た二〇〇七年初頭、グアンタナモにはいまだに四〇〇名近くの男たちが容疑も明らかにされることなく拘禁を強いられていた。グアンタナモにおける米政府の一連の行為を法的に根拠づけてきたのは、二〇〇一年一一月一三日の軍事命令である。裁判なき無期限の拘禁も、独立性・公正さを欠いた軍事委員会での裁きも、ともに、この命令によって可能とされてきた。「敵性戦闘員」と名指しされた者には戦争法上そうした扱いが認められている、というのが米政府の言い分である。また、グアンタナモは米国の領域外にあるのだから人権の保障義務は及ばない、という主張が展開されてきたこともよく知られている。

国際人権擁護機関は、当然のことだが、グアンタナモの事態にきわめて厳しい姿勢で臨んでいる。たとえば、国連人権委員会（現在は理事会に改組）の特別手続を担う作業部会・特別報告者たちが二〇〇六年二月二七日付けで公表した報告書「グアンタナモ湾における被拘禁者の事態」は、その実情を自由権のみならず社会権（到達可能な最高水準の身体及び精神の健康を享受する権利）侵害の観点から告発した。二〇〇六年には、提出が大幅に遅れていた米政府の定期報告書が拷問禁止委員会と自由権規約委員会で審査されることになったが、ここでもグアンタナモの検討にかなりの比重が置かれることになった。アムネスティ・インターナショナル、ヒューマンライツ・ウォッチといった人権NGOも、詳細な報告書の刊行を通じて、米政府の姿勢を鋭く批判している。

米政府による法解釈の最大の誤りは、地理的に米国外にあるグアンタナモには人権条約の遵守義務が及ばない、としたところにある。人権条約の義務が及ぶ範囲は、けっして領域内に限定されるわけではないからである。自国の実効的支配下にあるグアンタナモ収容所において米国が国際人権法を遵守する義務を負っていることは、国際人権法上、明らかである。米政府はまた、戦争状態を理由に国際人権法の適用がなくなるかのようにも主張しているが、これにも根拠がない。そもそも拷問の禁止や公正な裁判の中核的部分は、いかなる事態にあっても逸脱が許されないとされていることを忘れてはならない。

「敵性戦闘員」と適正手続

グアンタナモに拘禁された「敵性戦闘員」たちは、身柄拘束の合法性について争う道を閉ざされてきた。二〇〇四年六月、米国連邦最高裁はこの不法を戒め、拘禁の合法性について審理する連邦裁判所の管轄権を認める判断を下した（Rasul v. Bush）。これを受け、収容の合法性を審査する行政機関が設置されたが、その内実は、最高裁の要請にそぐわないのみならず、自由権規約の基準を大きく下回るものにとどまった。他方で、被拘禁者を裁くために設置された軍事委員会は、罪の決定について権限も独立性も欠いた行政機関にとどまり、二〇〇六年六月に連邦最高裁によって設置根拠を欠くなどとして厳しく非難された（Hamdan v. Rumsfeld）。そこで米政府は軍事委員会法を二〇〇六年九月に議会で改めて可決させたが、これもまた、人身保護請求や虐待からの救済の道を大幅に閉ざす、深刻な欠陥を抱えこむものとなった。

最も衝撃的だったのは、拷問・虐待を容認するシステムが公然と維持されてきたことである。司法次官補から大統領法律顧問に宛てられた二〇〇二年八月一日の覚書には、「自衛の必要が拷問を正当化しうる」とはっきり記されている。国防長官が同年一二月にお墨付きを与えた尋問マニュアルには、拷問または残虐な、非人道的なもしくは品位を傷つける取扱いに相当する尋問テクニックが縷々、列記されていた。たとえば、真っ暗闇でけたたましい音響にさらすこと、衣服を剝ぐこと、二〇時間に及ぶ取調べ、犬の使用など、尋常とは思えない方法が正規のテクニックとして例示されていたのである。二〇〇三年四月に改定されたマニュアルにも、真っ暗闇におくこと、極寒やけたたましい音響にさらすことなど、なお問題を残すテクニックが列記されている。映画「グアンタナモ、僕達が見た真実」に出てくる尋問の様子は、米政府が制度的に認めたものにほかならない。人間性の根幹を否認する、最悪の人権侵害ではないだろうか。

難民の封じ込め

問題は、拷問だけではない。二〇〇一年七月に、ニューヨークタイムズ紙に「西側の無関心 The indifference of the West」と題する衝撃的な写真が掲載された。スペインのビーチで日光浴を楽しむ人々のすぐ横に、人間の屍が打ち上げられていた写真である。多くの人間の死体が、ヨーロッパ近海の波間をさまよっている。ヨーロッパに入りたくとも入国を拒否され、海上で波にさらわれた難民たちである。

九〇年代にはじまった先進工業国の難民封じ込め政策は、南から北への人の移動をあらゆる手段を用いて強引に阻止する非人道的なものである。二〇〇六年までの五年間の間に、米国とカナダでは難民申請者が五四％減った。オーストラリアとニュージーランドでは七五％も減っており、先進工業国全体でも半減している。先進国の領域にたどりつき、入国審査の地点で refugee! あるいは asylum! と叫ぶことができる人はどんどん減っている。先進国の領域までたどりつけないのである。もとよりそこには、人身売買 trafficking や密入国 smuggling を広げる契機もあるが、ともあれ難民封じ込め政策は、〈私たち〉の安全のために、危険な〈テロリスト〉を排除していることと本質的にはなんら変わりないのである。

平等の喪失と歴史の逆行

拷問と難民だけではない。武力行使規範の弛緩もそうである。先進国の安全を脅かす脅威を撲滅するために軍事力を使うケースが増えている。それは「民主化の使命」とも言い換えられているが、そうした崇高な使命のために、九〇年代に入って奪い去られた何万、何十万、いや何百万もの人間たちの命や自由、生活は、いったいどう考えたらいいのだろう。ジェノサイド、とまではいわないにしても、少なくとも無数ともいえる戦争犯罪の果てに、アフガニスタンやイラクの人間たちの尊厳が数多破砕されているにもかかわらず、そのほぼすべてについて、米国でも英国でもオーストラリアでも日本でも、誰ひとり、法的責任をとっていない。「南」の人々は国際法の保護の対象からはずされ、その一方で、「北」の私たちは、国際法の適用を免除されているというしかない。

世界で進行しているこうした事態はいったいどう説明がつくのか。人権は主流化されたはずではなかったのか。人権は主流化されたのに、なぜ拷問が蘇っているのか。なぜ難民は消し去られているのか。なぜ、無数の一般市民がまったく省みられることなく戦火で殺され続けているのだろう。

私は、現在の世界の人権状況を読み解くキー・ワードは、平等の喪失にあると思う。すべての人間は平等に尊厳を保障される。それが、世界人権宣言に現われた現代的人権の理念である。しかし、冷戦終結後にわかに世界を覆った風景を見ると、人間の尊厳は、どの国に所属しているか、どの人種・民族に属しているかによって、まったく違って扱われるようにもなっている。「安全保障言説」を通して、人種差別が公然と頭をもたげているのである。〈私たち〉の安全を守るために、〈私たち〉の安全を脅かす存在を排除する、そして消してしまう。〈私たち〉の安全を脅かす存在とは誰なのか。それは、〈彼ら〉、シンボリックな表現を用いれば、人種的、民族的に分断された〈テロリスト〉たちである。〈テロ〉という言葉を耳にしたその瞬間に動き出すのは、非人間化のメカニズムにほかならない。テロリストたちは人間ではない。だから、拷問もできるのだ。だから、庇護を与えなくてもいい。だから、空爆で殺されてもかまわない。人間でないのだから、人権侵害などではない。こういう理屈が作り出されることになる。

人間の中に人間でない存在を作り出す営み。これは、私たちが克服したはずのかつての考え、現代的人権ではなく、近代的な人権の考え方に実に親和的である。冷戦が終わり、フランシス・フクヤマは、「歴史の終焉」を宣言した。しかしどうやら、歴史は終焉したのではなく、逆行しているのかもしれない。〈再びの一九世紀〉が、二一世紀を生きているはずの私たちを覆いはじめているのではないか。この点でもう一つ頭に入れておくべきなのは、経済のファクターである。かつての植民地支配にかわり、現在は新しい形態の植民地支配が進んでいると分析されている。ネオ・コロニアリズムである。その担い手は多国籍企業である。その多国籍企業の活動を支援するために、財産権の概念が国際的に強化され、財産権を中心にすえた新自由主義的な人権言説が形成されはじめている。バクシ教授はいう。「資本による人権言説の簒奪は現代特有の現象ではない。しかしかつてと根本的に違っているのはそのスケールである。世界大で展開される企業実務は、現代的な人権運動が獲得した多くの規範的成果を奪い去っている」。その現実を実感するには、日本のここ数年の実情を見るだけでも十分であろう。

ネオ・コロニアリズム

4 善きタテマエを生き抜く

人権の価値の再確認

安全保障と経済的利益、この二つの要因が国際人権法の現実を大きく変容させているといってよい。安全を守るため、経済的利益をあげるため、という理由で、あちこちで分断と格差が作り出されている。〈私たち〉と〈彼ら〉との間の分断である。〈私たち〉を人間として保護するために〈彼ら〉の非人間化が進むという現実。しかし、〈私たち〉は本当に保護されているのだろうか。〈彼ら〉を非人間化すれば、〈私たち〉が保護される度合いは強まるだろうか――。そうではない。〈彼ら〉は、〈私たち〉でもあり、〈私たち〉の中にも〈彼ら〉は作り出される。すべての者が〈彼ら〉になり、管理と排除の対象になる可能性もある。たとえば、直近の日本の出入国管理及び難民認定法の改正は、「テロリストの上陸を未然に防ぐため」という理由から出たもの、つまり、〈彼ら〉から〈私たち〉の安全を守るためのものとされるが、実際には、〈私たち〉を含めたすべての人間から指紋などの個人情報を採取しようとしていることは周知のとおりである。〈彼ら〉の非人間化は〈私たち〉の非人間化につながり、〈テロリスト〉への拷問を許すことは、〈私たち〉への拷問を許すことにつながる。難民を保護できないことは、私たち自身の保護水準を下げることにつながる。〈彼ら〉は〈私たち〉なのだ。

入管法改正はいうまでもなく、越境組織犯罪防止条約批准をテコに推進されてきた刑事法改変（共謀罪新設の企図など）にもその様が鮮明に映し出されている。この条約を起点に導入が企図されているのは、「敵味方刑法」である。刑法学者の松宮孝明教授によれば「そこでは、『なされた行為』よりも『敵』と『味方』の区別のほうが重要である。ゆえに、行為よりも、行為者が重視され……る。同時に『刑罰』の意味も変わる。『敵』に対する刑罰では、『社会復帰』（＝統合、同化）は意味をなさなくなるのである」。敵はテロリスト。テロリストを見つけ、破砕する。そして、〈私たち〉の安全を守る。テロリストとは、「ならず者／犯罪者国家」と人種的・宗教的につながった〈彼ら（＝他者）〉――。この論理は、排除と分断をあおる恐怖の文化の発現そのものである。

平等へのコミットメント

国際人権法は、個人の尊厳を基礎にして、すべての人間が平等の価値をもつことを高らかに宣言している。この理念が激しく揺さぶられている今、私たちは、もう一度、平和に基礎づけられた平等の価値に自覚的にコミットすべきではないだろうか。そのために大切なことは、排除の力学を包摂の力学に転換し、分断の力学を連帯の力学に転換することである。そしてそれらを成し遂げるために欠かすことができないのは、人間たちがこうむる不正義と被害の具体的な実態を見つめ、そこに投射された人権の価値を再確認することである。

変容する世界の現状を前に、世界各地で多くの人々が声をあげはじめている。二〇〇一年にブラジルのポルト・アレグレで産声をあげた世界社会フォーラムを武藤一羊氏は「歴史的な反撃の始まり」と評しているが、まったく同感である。「グローバル化推進勢力の結集の場である世界経済フォーラム（スイスのダボスで定期的に開かれた）への対抗集会として持たれていたこのフォーラムはポルト・アレグレでの結集を境に、ただの『対抗会議』ではなく、グローバリゼーション体制の根本的変革を志向するあらゆる潮流のダイナミックな合流の場として自立した。この大結集は、「もう一つの世界は可能である！」というスローガンの下に、全世界から五万人を結集した。二〇〇二年の第二回は、あらゆる運動分野から八万人が集まった。この世界的な社会運動の中でアジアの声はまだ弱く、運動を主導したのはヨーロッパとラテンアメリカであった。しかし二〇〇三年、三度ポルト・アレグレで行われる結集に先立って、地域別の結集がはかられることになり、二〇〇三年一月、インドのハイデラバッドでアジア社会フォーラムが開かれ、ここにアジアの社会運動が大結集する」（武藤一羊）。

世界に圧倒的な影響力をもつ経済大国に住む人間として、市民として、そして何より人権活動家として、私たちは、そうしたムーヴメントの中に能動的に分け入っていくべきではないのか。声なき声を公的アリーナで体現し、人間の尊厳と平等の価値を、そこかしこに反響させていく活動を粛然と展開すべきではないのか。上からの統治を正当化する「民主化の使命」に仕える人権言説ではなく、社会に生きる人間たちの苦痛に寄り添い、泥臭く、しかし聡明に、人間の尊厳が平等に実現される社会の構築に向けて活動していくのである。重要なことは、私たちが蓄積してきた資源を、抑圧する側のためではなく、人間たちを、そしてなにより私たち自身を解放するために動員するということである。最上敏樹教授の言葉を借りるなら、私たちは、今のような時代状況だからこそ、平和と平等という「善きタテマエを徹底して生き抜いて」いくべきなのである。

法律家の役割を問い直す

法を学ぶ者として、もう一つ強調したいのは、非人間化の力学を制度化するにあたって、法律家が果たしてきた負の役割についてである。拷問の禁止規範からの逸脱など、国際人権法の蹂躙を正当化する米国の主張は、政府の法律家によって理論化されてきたが、この営みは、拷問という国際犯罪の教唆・幇助そのものにあたるといってよいように思う。二〇〇六年一一月一四日、アブグレイブとグアンタナモにおける拷問・戦争犯罪について責任があるとして、ラムズフェルド前国防長官らとともに、元法律顧問など数名の法律家がドイツで刑事告訴された。国際刑事裁判所規程を国内的に実施するドイツの法典が普遍主義にもとづいていることに着目しての告訴である。拷問のような重大な犯罪は、世界のどこで誰によって行われたものであっても、ドイツの裁判所で裁くことができる、という普遍主義の考え方をドイツの法律は採用しているのである。告訴がどのような結果をもたらすにせよ、これは、法曹という専門家の責任・倫理が厳しく問われる事態であることに変わりはない。

訴えられた法律家の中には、政権を離れた後、米国の有名な法科大学院の教授に招聘された（戻った）者もいる。学問の自由や政治的意見による差別の禁止そのものの重要性はむろん否定しないが、人間性を公然と否認する国際犯罪を主導してきた者が法科大学院で法律を講ずる適性を有しているとは、私にはとうてい思えない。拷問に携わった医師もそうだったように、グアンタナモの醜態に専門家として関与した法律家の責任は、この上なく重いといわざるをえない。国際人権法を学んだ法律家は、政策遂行に携わる場合であっても、その理念を踏みにじるような決定にけっして参画してはならない。それが、最低限の職業倫理というものである。

2　国際人権法を実践する

1　国際人権法とは

国際法と国際人権法

国際法というのは基本的に国と国の関係を規律する法である、との認識が定着してきたが、それは別の面からいうと、国際法が国の中に入っていかないということでもあった。要するに国の中はそれぞれの政府が自由に統治できる。そして国の外の関係を国際法が担う。国の中で完結する事象については国際法は関与しない。例えば政府が自国の市民をどう取り扱うかということについては、それぞれの国が決めればいい、国際法はタッチしない。国際法が人間に関わるというのは主に外国人、といっても主に企業家が国境を越えて他の国に行って投資をしたりその他の企業活動をしたときに、虐待をされたとか、きちんとした取り扱いを受けない、というときに限って、その国の中に国際法が入っていくというようなことだった。その意味で国際法というのは伝統的に国家間の関係を規律し、人間については無関心を装ってきたといっていいものである。

国際人権法というのは、そういう国際法のあり方を根底から覆してしまおうという革命的な思想に基づいている。美しい面だけを言うと、今言ったような形で国際法が国の中に入っていかない、市民をどう取り扱ってもいいんだということの結果、大規模な人権侵害が放置されてきて、それが大きな紛争や国を越えた侵略行為につながっていったことへの反省から、ひとつの国の中における人権を保障しないことには、平和は実現できないのではないかという理念が、第二次大戦を機に高まった。そこで、国際法により政府と市民との関係を規律していこうということで、国際法の中に人権保障の側面がはいってくることになった。そして、国際法の中における人権保障の側面がこの半世紀の間に大きくなってきて、いろいろな条約、あるいはいろいろな制度ができ、それが国際法から相対的に自立し、国際人権法という法分野を形成するにいたったのである。

国際人権法はたかだか半世紀ぐらいの歴史だが、それ以前というのは基本的には国家間の関係だったから、国の中には国際法は入ってこなかった。だから国の中は憲法秩序のもとでの国内法で完結して、国の外については国際法という棲み分けができていた。けれども、人権法というのは政府と市民との関係あるいは市民間の関係を規制するから、そうすると国内法と国際法が同じ事象を規制するということになってくる。そうしたときに国際法と国内法の緊張関係が出てくる。ではこれをどうやって調整するのかということだが、まず、基本的なルールとしては、国家は、条約などで人権を守ると約束した場合には、対外的にはそれを守る義務を免れられない。そのために国内の秩序を整えなければならないということになっている。ところが国内の秩序だけを見た場合には、仮に国際法に違反したとしても、国内の秩序の方が重要だと考えたら、国内法を優先する。その結果国際法違反を問われてもその責任を対外的に取ればいいじゃないか、ということにもなる。しかし、現実には、国際法に違反してもいいんだと割り切ってしまっている国はない。国際法を守るように国内法を調整したり修正したりしている。そういう形で国際社会の一員としてやっていこうとしている。

「国際」と「国内」のつなげ方

国際法を守るためどのように国内法を調整するかというと、大きくは二つのやり方がある。一つは、国際法をそのまま国内法に入れ込んでしまうやり方。もう一つは国際法を実現するために特別の法律を作るやり方。国際法といっても、条約とか慣習法などがあるけれども、例えばカナダとかイギリスでは人権についての条約を対外的に結んでも、そのままでは国内には入ってこない体制になっている。条約を実現するために特別の法律をつくらないといけない。だから人種差別撤廃条約を締結しても、それはそのままでは国内法にはなっていないので、裁判所など国内機関を拘束しない。だから裁判官は人種差別撤廃条約を無視した判決を書き、その結果、カナダであるとかイギリスという国が対外的に国際法違反の責任を負わされることも理論的にはありうる。だから、そういうことがないように法律を作るわけである。

しかし日本の場合にはそういう法律を作らなくても対外的に約束した条約というのは、その約束をした瞬間からそのまま日本の国内法になる体制をとっている。戦前からそうだったけれど、日本国憲法の下では、第二次大戦期において日本が国際秩序を著しく乱したという反省にもとづき国際協調主義が打ち出され、それを実現するために、対外的に日本が守ると約束した条約は、そのまま国内秩序に入れていく。そして国内の営みを通じて、国際法の実現を図ることによって対外的な約束を果たす。そういう仕組みになっているわけである。条約というのは対外的に日本が守ると約束したものだけれども、それは同時に、その瞬間に、日本の国内法にもなる。こうして、人種差別撤廃条約というのは、条約でありながら日本の国内法にもなっているのである。

ただし、日本の国内法になると言っても、国内には憲法以外にもいろんな法令がある。条約が入ってきた場合に、いったいどのレベルの法になるのかというのが次の問題になる。この点ははっきりしていて、ほとんどの論者が一致して認めているのは、日本で一番大切なのは憲法、その次が国際法、その次が法律、ということである。だから国会で可決される法律というのはすべて憲法に適合していなければならないのと同時に、条約にも適合していないといけないということになっている。

女性差別撤廃条約に日本が一九八五年に入ったときは、法律を改正しないことには条約に入れないということで、法律を改正したりした。ただ、法律を改正したり新たに作ることなく、現行の法律の解釈を変えるという形で済ませる場合もある。人種差別撤廃条約に日本は一九九六年に入ったが、人種差別を煽るような表現行為について、同条約は刑罰をもって規制しろと言っている。でも日本の憲法は思想の自由市場という理念を持っているから、憲法秩序と相容れない。そこで、そこのところを「留保」して、つまり、そこは日本の憲法秩序に適合する限りでしか守れないという条件をつけて、人種差別撤廃条約に入った。だから、国内法を変える場合もあるし、国内法は変えないけれども、運用を変えてすませる場合もあるし、あるいは、運用でもすまないという場合には、条約の一部を留保する、つまり条件をつけて条約に入るという形で調整を図ることもある。

2　国際法は戦争とどう関わるのか

国際人権法と国際人道法

戦争という法術語は今の国際法にはなく、武力紛争という。この問題は、どういう場合に武力を行使していいのかというところから、武力が行使された後、それをどう規制するかというところまで、多岐にわたる。どういう場合に武力を行使していいのかということは安全保障に関わる国際法分野が規律し、武力行使の具体的態様については国際人道法という分野が規律することになる。

国際人道法というのは武力紛争下における人権保障、あるいは武力紛争下における武器の使用、攻撃方法の規制といったものを定めている国際法の一分野である。

国際人権法も有事法制と関わってくるし、現に非常事態には効力を停止してよいという規定がある。拷問の禁止とか、生命に対する権利の保障などはどんな場合でも守らなければならないけれども、それ以外のものについては、義務の逸脱を認めるルールがある。そのような場合に国際人道法が、その空隙を埋める形で入ってくる。だから、人道法と人権法は補完する形で人権を保障するようになっているといってよい。

人権法の構造的劣性

国際法は国家の関係を規律してきたが、国家などというのは抽象的な存在で、国家は誰なのかと問えば、常に政府が国家を代表している。政府と言ってもまだ抽象的であるし、政府とは誰なのかと問い、徐々にベールを剝いでいった場合に、それぞれの国の政策決定エリートや支配層、そういう人たちが常に国家の衣をかぶって、国際法のルールを作ってきたことがあらわになる。当然ながら、彼らは（彼女らではない）、自分の利益に反するような国際法のルールは作らない。国際法というのは人権法ができるまでは国内に入ってこなかったと言ったけれども、それは国内におけるさまざまな社会的差別であるとか矛盾というのを温存し正当化するのに必要だったからである。つまり支配エリートというのは社会的・構造的差別の上にのっかって利益を得ているわけだから、それはどうしても保っておきたかったわけである。だから、国際法のルールはそこのところには触れない。つまり国際法は、言ってしまえば、支配エリート間の談合によって国内に入っていかないようにされたのである。ところが、第二次大戦期における、特にナチス・ドイツのユダヤ人虐殺があまりにも衝撃的だったため、以前からの談合的なものが崩れるような状況になり、いったん崩れたことによってどんどんそこのところ、つまり人権の分野が膨らんでいくようになった。

もっとも、このような人権の分野を大きくしようとする流れは、一貫して強い抵抗を受けてきた。例えば、人権というのは、人権に関する条約だけで扱えばいいとされた。それ以外の、例えば経済に関わる条約は人権とは違うから関わりのないようにしようとされたのである。あるいは安全保障に関わる分野、これもまた固有の分野があるので、人権は関わらないようにしようということになった。本来一つの事象というべきか、一人の人間の生活は複数の条約に関わるもので、切り取ることができないものなのだけれども、人権に関わる分野については人権条約だけが扱えばよくて、人権以外の分野には人権条約は入って行ってはいけないとされたのである。そしてたまに人権条約機関などが、安全保障であるとか経済活動に関わってくるような判断をするときには、そういう判断には拘束力を持たせない。それは勧告にすぎないということで、言いたければ言えばよい、そうやって済まされてきたのである。経済は経済の分野で、安全保障は国連の安全保障理事会などで扱うからと。

人権は第二次大戦期から徐々に認知されるようになってきたけれど、それは常に人権の効用を押さえ込もうとする力学との闘いでもあった。そして今でも、安全保障と経済に関わる、つまりグローバル化された世界で最も大切な分野とされているこの二つのところには、人権条約をそのものとしては入れ込まないという強い力学が働いている。

今までは人権法というものを認知させようということで精一杯だった。ただ、認知されるということはゲットーに押し込まれるということでもあった。人権については人権の専門家がやればよいと。認知されたのはいいことだけれど、認知された結果、人権条約あるいは人権法の専門家や人権ＮＧＯというのは特殊な人たちであるということで、社会の大状況は変わっているのに、そちらの方には関わりがない形で人権法の分野が認知されてきたとも言える。こうなると、何のために人権条約や人権法を認知させるために努力してきたんだという根本的な疑問が出てくる。今はおそらく、みんながみんなそうとは言わないが、国際人権法そのものを脱構築しつつ、他の分野をも脱構築しながら、他の分野に関わりを持っていっている。特に安全保障と経済については、近年、人権条約機関とか人権ＮＧＯとか研究者はかなり関心をもちはじめており、国際人権法そのものを使って経済や安全保障にかかわる法を書き換えてしまおうとしている。要するに、人権法の狭隘な領域を外に向かって開き、国際法全体のリアリティを紡ぎ直してしまおうというわけである。

3 国際人権法は安全保障についてどのような視点を提起するか

安全保障のルールを変える

安全保障に関していうと、国際法は武力行使を禁止していないため、日本国憲法とは常に緊張関係にある。原則としては禁止しているが、自衛権の名のもとに武力を行使していいし、最終的に国際社会のルールを守らない国については、より大きな暴力を使って封じ込めていくということで、集団安全保障体制が国連のもとに敷かれている。だから、最終的に秩序を担保するものとして、国際法は暴力を肯定している。国際法を勉強していくと、暴力は所与の前提となってしまって、日本国憲法九条のように、一切、武力を放棄して平和を実現していくという発想じたいが排除されてしまう。そうなってくると、武力行使の結果として、当然いろんな形で被害が出てくるが、それは常に武力行使に有利な形で解釈がされる。例えば爆弾を落としたときに一般住民に被害が生じた場合でも、それは付随的なものだからかわいそうだけれど仕方がない、というような形で、軍事的な考慮が優先してしまう。

しかし、人権法というのは人間の尊厳そのものを理念として置いているから、付随的被害などというものはありえず、一人でもそういう被害を受ける場合には、それ自体が重大な人権問題にあたるという考えを打ち出すことができるものである。人権侵害を引き起こす空爆であるとか、あるいは攻撃そのものの国際法上の妥当性を国際人権法の観点から問い直すことができる。今までの国際法のあり方に対して、人間の価値や人間の尊厳というものをストレートにぶつけていく。そうすると、今のままでいいのか、あるいは、少しでも解釈を変えるべきではないか、といった議論がはじまる。そういうようにして、攻撃の方法であるとか、どういう場合に武力行使を開始したらいいのかというところに、人権法が少しずつ議論をふっかけているという感じである。

その中でも一番力強いグループはフェミニストたちだ。フェミニストたちは、私もその一員かも知れないけれども、基本的に国際人権法にとどまっていたのでは人権は実現されないという考え方であるから、全ての分野に関わっていこうという志向性をもっている。分断された人権法をもう一度国際法に接合させて、しかも、吸収されるのではなくて本体の方を書き換えてしまおうということなのだ。フェミニストの人たちは、まず人権法そのものが男性中心主義だということで、ベースになっている人権法そのものを書き換えつつ、安全保障のあり方についても、爆弾が落とされるときに、今までだったら失われた命しかカウントされなかったけれども、そんなカウントの仕方では不十分だという主張も行っている。例えば、橋が壊されたことによって、そこで生活している人たちが、どういう具体的な不利益を被ったのかを見ていったときに、明らかに生活の担い手である女性たちが、たとえ命自体が奪われていなくても、不均衡に被害を受けていることがわかる。そういうものが一切これまで国際人道法のルールの中に入ってこなかったということに対して大きな疑問を呈し、さらに今は、解釈を変えるとか、あるいは新しい国際的なルールを作らなければいけないのではないかと激しく主張している。

法実証主義の政治性

国際法のメインストリームを担ってきた人たちは、法実証主義を採用し、国際法がこうなっているのだから、という形式的な論理で主張していて、そこには一切価値的判断はない、私たちの主張はなんら特定の価値にコミットしているのではないんだということを強調してきた。今ある国際法のルールはこうなっているのだから、ということで、没価値的な主張をする。しかし、ポスト構造主義的な考え方が国際法に入ってきて、フェミニズムや人権法が大きく展開していくようになってくると、そういう法実証主義そのものが内在的に抱えている価値とは何なのかということに対して非常に先鋭的な問いが発せられるようになる。そしてその結果としてどういう人たちが国際法によって利益を得ているのか、どういう人たちが不利益を被ってきたのか、そして何のための国際法なのか、そういう問題への関心が広がっていくことになった。

こういった事についてはアメリカの国際法学会で議論が活発である。とても残念なのだが、なんだかんだと議論していると結局アメリカの中心性がますます強まっていく。国際法のあり方を激しく問いかけていくという論者が比較的多いのもアメリカである。フェミニズムに関してはオーストラリアの人であるが……。

日本の場合は圧倒的に実証主義の人たちが強い。これは日本における国際法学の出自にもよると思う。一九世紀の末に不平等条約をどのようにして平等条約に改正するかという近代日本にとって最大の外交課題を担うためにこそ国際法学会というのは設立された。学会としてはとても古い学会である。そしてそれ以来ずっとそうだったが、基本的に日本の外交を法的に支えていくという、場合によっては癒着した関係というのが常にあって、日本外交にとってみれば、そうした関係性を一切合財捨象し、国際法が形式的に認識されているという状態が実は政治的に一番好ましくもあった。日本の国際法学には、そういうようなことが特殊な背景としてある。アメリカやオーストラリア、あるいはヨーロッパもそうだけれども、そういうところの国際法学との交流があるのに、日本の国際法学においては法実証主義が突出して強い状況が続いている。だから、脱構築の試みも、十分な認知を受けていない状況でもある。

人権が「取り込まれる」危険性

人権法を勉強したり広めれば広めるほど、逆に、より大きなものに絡め取られてしまうという危険性をこの頃とても強く感じる。それは九〇年代から始まったアメリカの世界秩序を一元化しようとする流れの中で、共通の価値として人権が出てくることともかかわる。人権を守るための武力行使イコール警察行動としてアメリカは軍事力を行使している。人権法を広めるということは、アメリカの警察行動を側面から支えることになってしまうのではないかという危惧がする。人権の価値が高められればられるほど、それが実は全く別の方に絡め取られてしまう。日本の国内人権機関についてもそうだが、本来違う目的で必要とされていたはずのものが、いつのまにか絡め取られてしまっていくという構造の所在をとても強く感じている。

4　国際人権法の広がり

自由権と社会権

人権というのは普遍的なものだが、現実にはいろんな名前をとって現れてくる。表現の自由であるとか、拷問を受けない権利とか、あるいは社会保障に対する権利とか。アメリカが主唱している人権というのは、一般的に通用している用語を使うと、自由権と社会権のうちの自由権の方だけである。しかも自由権の中の特定の権利、生命に関わるところ、身体の自由に関わるところ、それに財産権といったアメリカの社会にとって最も重要とされている人権規範が国際社会の守られるべき人権にいつのまにかなってしまい、アメリカの国内法イコール国際人権法といったような形の議論すらなされるようになってきている。

しかし、本来、国際人権法が国際社会共通の基準にしようとしている人権はもっと幅広いものである。例えば教育を受ける権利であるとか、健康あるいは社会保障、そういったいわゆる社会権に分類されるものについてもきちんと守っていこうというのが国際人権法である。でもアメリカが警察行動をする際に、つまり、介入しなければいけないというときに挙げる基準というのはけっして社会権の分野ではない。自由権の分野でも特定の人権規範である。そういう意味で、国際人権法の一部がすくわれて米国中心秩序の構築に貢献させられてしまっているところがある。

でも、国際人権法に関わっている多くのＮＧＯや発展途上国の人たちはアメリカが絶対に触れない、あるいは欧米諸国が常に回避しようとしている社会権の重要性というのを一貫して説いてきている。ＩＭＦやＷＴＯをはじめとする国際金融、貿易機関が活動する際、民主主義であるとか正義を実現するのに透明な秩序が不可欠だということで人権の重要性が説かれるが、そこで説かれる人権とは、特定の自由権規範だけである。けれども、その結果として、社会権状況が著しく劣化している。そこで、国際人権法が本来守ろうとしている多様な権利をしっかり守れという声が発展途上国の人たちを中心にあがっている。

社会権とはどのようなものか

もう少し社会権について語ると、例えば、労働権も社会権の一つである。労働組合を結成する権利であるとか、団体で交渉する権利などがそうだ。それから教育への権利、特に無償で初等教育を受ける権利、居住への権利、すなわち今住んでいる住居から立ち退かされないとか、人間としてふさわしい住居が保障される権利、あるいは健康への権利なども代表的な社会権規範といってよい。

半分以上は誤解なのだが、社会権の実現にはお金が絶対必要だとされる。教育への権利であれば、学校を作らなければいけない。教科書代も国が払わなければいけない。健康への権利でも病院にかかるときに必要なお金を誰が負担するんだということになる。それに対して自由権というのは、例えば拷問を受けない権利というのは拷問をしなければいいのだからお金は一円もかからない。それで、社会権は金がかかるという神話のもとに、自由権に比べると実現がむずかしいとして、まともな扱いを受けてこなかったのである。でもそれは明らかに欧米的な価値を行き渡らせる上で仕掛けられたレトリックである。お金は自由権の実現にもかかるし、その一方でお金をかけずに社会権を実現することだってできるのだから。

米英の侵攻により、イラクの子どもたちは学校に行けなくなったし、健康状態がどれほど劣化したことか。先ほど言った、例えば、橋が壊れたことによって、安全な食料や安全な水がとれなくなるというのは、保障されるべき社会権の大規模な侵害である。これは、ルワンダや旧ユーゴスラビアで起きたジェノサイドなどと同じくらいものすごい規模の人権侵害なのだけれど、社会権の大規模な侵害は可視化されないというか、目に見えないものにされてきている。そういうものをすくい上げていかないと、人権の一部だけがアメリカを中心とする秩序に資するものとして、それだけが国際人権法のようになってしまう。そうなると、これは国際人権法の本来の姿からはかけ離れたものになってしまう。

日本における私たちの日常生活の中でも社会権は問題になる。一例をあげれば、医療費の負担が三割になると社会保障の水準が劣化する。社会権規約はどんな場合にも社会保障水準の劣化を認めないとまでは言っていないが、劣化するときには正当な理由がなければいけない。その理由がない場合に社会保険の自己負担率を上げるようなことは、社会権規約との抵触を引き起こす。あるいは今、都市基盤整備公団の住宅の建て替えが行われていて、ものすごい規模で強制的に立ち退きがなされている。あたかも自主的に判子を押したかのような「同意」のもとに立ち退いていくのだけれども、実際には立ち退き以外選択肢がないような形で誘導がなされている。退去させられた後でホームレスになる人もいた。居住への権利は社会権規約で明確に定められているが、こうした強制立ち退きは、それとの明白な抵触をきたしていると思う。日本全国で構造改革が進めば進むほど、社会権規約の侵害が広がっていると言ってよい。

グローバル化との対峙

政府と市民との関係を規律するという認識のもとでは、人権を守るのは政府ということで、国家が人権を守る義務主体だったのだが、国家より大きな力を持った非国家行為体がとても多くなり、他方で、国際組織の力が国家を押さえ込んでいくという事態が広がってきている。国家に人権を守れと言っても、政府自体に力がなかったり、あるいは国家が国際組織に自分の力のかなりの部分を委譲しているという場合には、まったく現実味がない。そのため、今までの政府、市民という関係性での議論は有効性をもたないのではないかという主張がこの数年の間にとても大きくなってきた。そこで考えられているのは、WTOやIMFのような国際経済機関を直接に国際人権法の義務の主体にしてしまおう、あるいは国家の陰に隠れていたけれども国家より大きくなった多国籍企業を直接に国際人権法の名宛人にしてしまおうということである。国家よりも大きい力を持っている主体を規制していく理論づけというか、あるいはそれをうながす運動というのが国際人権法の分野では大きくなっている。

もっとも先進国の場合、そんなに力がないのかというと、必ずしもそうではないだろう。なにより、今のようなグローバル化の環境を整備しているのは先進国自身である。グローバル化はあたかも不可避のものであって、自分たちは何もできないと装っているけれども、現実には自分たちにできることは十分に残されている。だから、先進国政府については本来守るべき義務をきちんと守らせないといけない。多国籍企業の本拠地がある先進国は多国籍企業が犯している人権侵害について放置している、あるいは容認していることについて、法的責任がある、という形で国自体の振る舞いをもう一度問い直していく試みもなされている。このように、非国家行為体を直接国際人権法の中に取り込んでしまうやり方と、国家そのものを立て直していくというか、国家に対してもう一度責任を突きつけていくという、そういう二つの方向が見られるわけである。

企業の責任を問う

ケニアのダム建設に日本の建設会社が関与している。その会社に現地の活動家が虐待されるとか、あるいは現地の警察とその会社が一体となって活動家を虐待しているというような事態に国際人権法がどう対応できるのかというと、法的にはその建設会社は日本の企業であるから、その行動を規制する義務は日本国にあるとして、現地の人たちが受けた拷問とか、身体に対する虐待を引き起こしたことについて日本国の責任を追及する裁判を日本で起こすこともできるし、あるいは、国際的な機関に訴えかけることもできる。

アメリカでは、企業が外国で犯した人権侵害を不法行為として構成し、アメリカの国内法を使って損害賠償を求める訴訟がここ数年の間に行われるようになってきている。国際法のルール、人権法のルールを民事裁判の場に持ってきて、そこで企業の活動を規制していくという戦略的な訴訟がだんだん増えてきている。

軍事活動をどう裁くのか

ＮＡＴＯをはじめとする国際的な軍事力行使への法的対応としてはいくつかルートがあるが、おそらく国際刑事裁判所が一番効果的だと思う。仮にアメリカが国際刑事裁判所規程に入っていなくても、被害を受けた国が国際刑事裁判所に入っていれば、加害行為をした人がアメリカ兵だったときにはその兵士は国際刑事裁判所で裁かれ得ることになる。だからアメリカは国際刑事裁判所に強く抵抗しているのだが……。ＮＡＴＯそのものを裁くということは今の国際法の下では難しいが、その攻撃に関わった人、あるいは関わった国については、国際刑事裁判所で個人を裁き、あるいは、これはほとんど現実味がないかもしれないけれど、一応国際司法裁判所というところでは国の責任を追及するということもできる。また、攻撃に関わった人については、手続きさえ整っていれば、普遍的管轄権という根拠にもとづいて、いずれの国でも処罰できるようにもなってきている。

軍事行動がこれほど活発化しているのには、何と言っても軍需産業の力が大きくあずかっている。そうした場合に例えば劣化ウラン弾を作った企業であるとか、デイジーカッターを作っている企業の責任を追及していくために国際人権法と民法の不法行為規定を連動させて訴訟を提起するということは理論的に可能である。そういう可能性を追求しはじめたのはここ数年なのではあるが。

今のところはナイジェリアでやっているシェルとか、ビルマで強制労働している企業がアメリカで訴えられるということがあるが、軍需産業そのものが、例えばＮＡＴＯなどの攻撃によって引き起こされた被害の当事者から訴えられることは今のところない。でも理論的には面白いと思う。

5　国際人権法をどう使うか

個人通報制度というもの

個人通報制度というのがある。英語のコミュニケーションを通報と訳しているのだが、国際的な人権救済手続きのことである。国際人権規約や女性差別撤廃条約、人種差別撤廃条約、拷問禁止条約などに備わっている。国内で手段を尽くしたけれども依然として人権が救済されない場合に行える、国際的な人権救済手続きである。日本政府は今言った人権条約には全部入っているけれども、この救済申立手続きだけは受け入れていない。

この手続きを受け入れると、日本国内の問題が当事者によって直接に国際的機関に訴えられるのだが、それを行うには国内的な手続きを尽くしているという条件があって、尽くしたけれども、まだだめだという場合に限って受理されることになっている。端的に言うと、最高裁判所の判決を得られたけれどもまだ人権が回復されていないという場合に通報ができるというわけである。

日本政府は「司法権の独立」というのをずっと主張している。最高裁の判断がすでに出ている場合に、それと異なる判断がもし国際的な機関から出てきたときに司法に対する影響はどうなるのかという懸念なのだろう。だから、日本の司法を日本の中だけで完結させようという、つまり、最高裁を頂点にした司法制度を自己完結的に維持しようという思想の下で国際人権救済申立を拒否しているのだと考えられる。

でも「司法権の独立」を理由に国際的な人権救済申立の受諾を拒否している国は世界の中で日本以外一カ国もない。国際的な人権救済申立を拒否する論理として「司法権の独立」を持ち出すのは、特殊日本的な論理だ。いま、論理と言ったが、非論理の論理というべきだろうか。韓国はもうこの制度を受諾しているし、フィリピンもネパールも受諾している。欧米諸国もアメリカ以外なんだかんだで全部入っている。ということでほとんど理屈にならない理屈なのだが、とにかく裁判所、特に最高裁の権威というものをすごく大切にしていることがよくわかる。

逆に言うと、ここを突き崩すことができたら、おそらく日本における法のあり方とか裁判のあり方が大きく変わっていくのではないだろうか。司法制度改革が進行中だが、経済主導で、国際取引のために国内の制度を変えていく、そのために法律家が力を尽くせということで、社会正義とか人権のために司法を変えていくという考え方はあまり見られない。国際的な人権救済申立手続きが受諾されたら、日本の国内裁判所での判断と異なる判断がかなり出てくると思う。例えば婚外子の処遇だと、日本の場合、相続が二分の一だが、これは明白な国際人権法違反だ。それと、第二次大戦期に日本の軍人、軍属として怪我をした人とか亡くなった人の遺族については国籍が違うということで年金などの支払いがなされてこなかったけれども、そういう場合には国籍に基づく差別に当たるという国際的に確立した先例がある。このように、国内の裁判所と違う判断が国際的な機関で出てくることがはっきり予測できるものが多くある。だからそういう手続きが受諾されればおそらく司法のあり方が変わっていく。司法が変わっていけば法への市民の期待も変わっていくと思うので、そこのところに集中的に力を注いでみてはどうだろう。日本政府は、絶対にこれは受け入れないという決意のもとにあるようだが。

その唯一の根拠が司法権の独立だが、もうこれは理屈ではない。普通、司法の独立というと、立法府とか行政府との関係で問題になるのだが、国際的機関との関係で司法権の独立を言うのは本当に特殊な議論としか言いようがない。

国内的救済要件のポリティクス

他方で、経済の場合は対外的な機関に訴え出るときに国内的救済を尽くす必要がない。人権の場合に限ってなぜ国内的救済を尽くさなくてはいけないのか。企業の活動だとなぜいきなり国際的な機関に訴え出ることができるのか。経済の分野で国際的ルールを作っているのは誰なのかと言えば、それは事実上、多国籍企業である。その一方で、国内のルールは必ずしも企業だけで作っているわけではない。しかも国内の裁判にはとても時間がかかったりする。そういったことがあるので、企業の側としては直接国際的なルールにもとづいて、国際的な場に訴え出ることができた方が効果的なのである。というようなことが背景にあって、経済の分野では国内的救済という条件は出てこない。人権の場合になぜ国内的救済を尽くさなければならないのかというと、いきなり国際的な場に持っていかれたら、国際的な紛争になってしまうと言われている。できるだけ一つの国の中で問題を収める方が国際的な秩序を乱さないのでいいというようなことが言われるが、それだったら経済の方でも全く同じことが言えるはずなのだが、そのへんで使い分けがある。人権法の構造的劣性の現れと言うべきだろうか。

安全保障問題に個人通報は役立つのか

先ほど、人権というのはいくつかの名前を持った権利に分かれると言ったけれども、例えば基地があることによって、あまりにも大きな騒音が連日連夜続くために耳が聞こえにくくなるとか、生まれてくる子どもの体重がものすごく軽くなってしまうとか、あるいは場合によっては環境汚染につながるような事態が生じているときに、名前を持った権利のどれかに引っかけることができる。例えば国際人権規約のうちのひとつの自由権規約第六条に生命に対する権利が規定されているが、生命に対する権利というのは、核兵器の問題まで視野に入れている。核兵器の使用が生命に対する権利を侵害するというところまで入っている。それでそういう核兵器が配備されてくるという基地の周辺に住んでいたオランダの人が、これは自由権規約第六条に違反する事態だということで、先ほど言った国際的な人権救済申立手続きに訴えたことがあった。被害の度合いがあまりに抽象的で、もう少し具体的でないと扱えないということで退けられたのだが、こういう形でどこかで名前を持った権利に引っかけて、軍事と人権の問題を接合していくことができるわけである。

もちろんそのためには、それぞれの名前を持った権利がどういう内容を持っているのかを知らないといけないが、その内容については、それぞれの条約機関が一般的意見などを通じて明らかにしている。生命に対する権利というのはこういうものだ、居住の権利というのはこういうものだ、ということが一般的意見を通じて明らかにされる。そういうものを見ていくと、人権以外の分野で活動している人たちの問題がダイレクトに人権条約の中で扱われていることがわかる。平和の問題、軍縮の問題と自由権規約が重なりあっているとか、社会権規約が重なりあっているということだ。先ほど国際人権法というのはそこに留まっているのではなく、安全保障の分野とか経済の分野に入っていこうとしていると言ったけれど、それこそ相互乗り入れが必要だと思う。

誰が誰を訴えられるのか

個人通報制度を日本政府が受諾していないということは、日本国籍を持っている人は個人通報できない、ということを意味しているわけではない。日本国籍を持っている人でも、例えばフランスで被害を受けた場合にはフランスを相手に通報できる。

アメリカも日本と同じように自由権規約などの個人通報制度は受諾していないけれど、アメリカ軍の基地に関して韓国の国内で何かあったとすれば、韓国政府を個人通報制度で訴えることはできる。韓国は個人通報制度を受け入れているし、アメリカの基地を受け入れることにも合意しているわけだから。もしアメリカも個人通報制度を受け入れていれば韓国とアメリカ両方を訴えることができる。日本にある基地については、今のところはどちらも認められない。

個人通報制度の受諾に向けて

個人通報というのはものすごく威力を発揮できるはずのものだ。名前がそもそも地味なのと、その可能性がどれだけ大きいものなのかということを、人権法の研究者があまり広めてこなかったというところがあるのだが、これが受諾されると、おそらく司法のあり方にも相当影響が出るだろうし、人権の分野だけでなく、いろんな分野で活動しているＮＧＯの人たちがこの制度を使うことができる。この制度が利用できれば、国際的な人権救済手続きにかけるぞ、という「脅し」をかけることによって制度を変えることができるかもしれない。使うぞ、というだけで。この手続きが使えるということになると、実際には通報がなされなくても通報の脅威というか、それがあるために制度が変わっていくということもありえる。

先進国で日本の他にこうした人権救済制度を受け入れていない国は一つもないのではないか。ヨーロッパにはヨーロッパ人権条約というのがあり、その下で人権救済手続きを受け入れているから。

アメリカは、アメリカ自身が世界秩序であると考えている。アメリカを超えた所にアメリカの問題が訴えられるということは支配エリートにとっては想定しがたい事態なのだろう。だから、個人通報制度にはとても懐疑的だ。

ただアメリカについても、実は米州人権保障システムというのがあって、カナダからチリまで三五カ国ほどが入っているが、その手続きのもとではアメリカを訴えることができる。したがって、一つも国際人権システムの個人通報手続きの対象になっていない先進国は、世界で日本だけだということになる。

人権法の研究者たちも常にこれは受諾すべきだと言っているのだが、それこそ経済のグローバル化とのかかわりでどういう意味を持っているかということなどを、きちんと広められないことには、受諾に向けた運動自体も広がらない側面がある。そこが人権法研究者の課題かもしれない。

II

変革への歩み

抗《あらが》う思想／平和を創る力

1　国連改革の新たなはじまり

1　国連改革のゆくえ

国連設立六〇周年

二〇〇五年九月一六日、一五〇カ国の元首・首脳を集めた国連総会ハイレベル全体会合（特別首脳会合）が、三日間にわたる討議を終え、「二〇〇五年世界サミット成果文書」を採択して閉幕した。この首脳会合は、国連総会が二〇〇〇年に採択していたミレニアム宣言の進捗状況を検討するために招集され、「ミレニアム・プラス・ファイブ」サミットとも称されて、世界の関心の多くは国連改革のゆくえに集まっていた。

国連改革を求める声は国連の歴史とともにある。一九四七年一〇月に米国議会で国連行財政の徹底的な改革を求める研究が既にして開始されていたが、以後、改革を希求する声は絶えることなく湧き上がり、国連の歴史の不可欠の一部を紡ぐまでになっている。国連改革をテーマとするおびただしい数の研究・提言がシンクタンク、政府、専門家によってなされ、これらに後押しされるかのように国連では主要機関・補助機関において「改革」が連綿と実施されてきた。もっともこれまでその多くは注目度の低い手続規則の改正などを通じて実現したものであり、国連の基本法たる憲章の改正が必要とされたことは三度しかない。その三度の改正がもたらしたものは、安全保障理事会非常任事理国枠の拡大と二度にわたる経済社会理事会の拡大であったが、最後の改正からは今や三〇年以上の月日が経っている。一〇八条・一〇九条が明示するように、憲章の改正にはきわめて高い手続的ハードルが設定されており、これを乗り越えるだけの政治的意思の結集はけっして容易でなかった。

それだけに、国連設立六〇周年を迎えた二〇〇五年、ニューヨークに招集された特別首脳会合にはひときわ大きな改革への期待がかけられた。むろん安保理改革はその重要な柱の一つである。だがそれは、熱望された国連改革の柱の一つでしかない。日本政府は二〇〇五年一月に「国連安全保障理事会改革」と題する冊子を刊行し、常任理事国入りを狙った働きかけを精力的に行ってきた。政府のそうした動向を忠実なまでに伝える日本国内の報道に接していると、あたかも安保理改革が国連改革のすべてであるかのような錯覚にもとらわれるが、現実に行われてきた議論はそうした報道が伝えるものよりもはるかに幅広いものであったことは知っておいてよい。

より大きな自由の中で

成果文書の直截の起点になったのは、国連事務総長コフィ・アナンが二〇〇五年三月に発表した「より大きな自由の中で」と題する文書であった。アナンは一九九七年に事務総長に就任して以来国連の機構改革に強い意欲を示しており、二〇〇二年にも『国連を強化する』を刊行していた。「より大きな自由の中で」は、開発・安全保障・人権が三位一体であるとの認識に立ち、「欠乏からの自由」(=開発)、「恐怖からの自由」(=安全保障)、「尊厳をもって生きる自由」(=人権)という章立てに沿って課題を整序し、最後に国連強化に向け「手の届く」改革案を具体的に提言するものであった。

アナンのこの文書は、二つの先行文書の知見によって支えられていた。一つは一六名の有識者からなる「脅威・挑戦・変化に関するハイレベル委員会」が昨年一二月に刊行した『より安全な未来』と題する報告書であり、もう一つは、二五〇名の専門家によって担われた「国連ミレニアム・プロジェクト」が二〇〇五年一月に発表した最終報告書『開発への投資』である。ハイレベル委員会は二〇〇三年九月にアナンの指名により設置され、ミレニアム・プロジェクトは二〇〇二年七月に同じくアナンによって立ち上げられていた。「より大きな自由の中で」は、ミレニアム宣言の再検討という特別首脳会合の目的に資するために作成された文書ではあるものの、しかし、同宣言採択以後の国際情勢の変化を踏まえ、多国間での行動の重要性を再確認するとともに、改革案の採用を各国首脳に強く求めるものであった。

禍根を残した成果文書案

こうした事務総長の作業を受けて成果文書案のとりまとめにあたったのは国連総会議長ジャン・ピンである。ピン議長は、各国の意見を参考にして六月初旬に包括的な第一次成果文書案を起草し、これをもとにインフォーマルな会合やNGOからの意見聴取などを重ね、漸次、文書案を修正していった。作業方法としては、文書案をテーマに沿ってクラスターに分け、それぞれのクラスターごとにファシリテーターが議論集約に責任をもった。もっとも安保理改革については、G4（日本など）と「コンセンサスのための結集」グループ（韓国、イタリアなど）などとの間で主張が対立していたこともあり、起草作業はそうした議論の展開を見守りながら複線的に進行した。

起草作業が不透明感を増大させたのは、八月下旬になって米国政府が膨大な修正案を提出したときである。首脳会合開幕までのカウントダウンが始まった時点での大量修正案の提出は、それまでの作業の積み重ねを根底から覆すおそれすらあった。禍根を残すことになったのは、混沌とする事態を収拾するために行われた作業方法の変更である。ピン議長は、成果文書案の起草を三二カ国からなるコア・グループに委ねることにし、このグループは最終段階でさらに一五カ国にまで絞られることになった。非公開で行われたこうした国々の討議を経て、成果文書案はサミット前日にようやくにしてまとまった。しかしそれは、起草作業から実質的に排除されてしまった国々（やNGO）に意思決定過程のあり方への疑念を植え付けるという代償を伴ってしまった。

成果文書の構成

四〇頁一七八パラグラフからなる成果文書は次のような構成になっている。第Ⅰ部・価値及び原則、第Ⅱ部・開発、第Ⅲ部・平和及び集団安全保障、第Ⅳ部・人権及び法の支配、第Ⅴ部・国連を強化する。主な内容を急ぎ足で紹介すると次のとおりである。最も多くの分量が割かれた第Ⅱ部では、ミレニアム宣言に由来するミレニアム開発目標を二〇一五年までに達成することへの強い決意が再述され、投資環境の整備、貿易の自由化を通じて開発を促進することが謳われている。その一方で、気候変動枠組条約が地球温暖化に対処する適切な枠組みであることも認められている。第Ⅲ部では紛争の平和的解決義務と武力不行使原則が再確認され、あらゆるテロリズムを容認しない旨が宣明されている。紛争後の平和構築の営みを支援するため、政府間諮問機関として平和構築委員会を新設することも明言された。第Ⅳ部では、人権と民主主義の普遍的価値が再確認され、国連人権高等弁務官事務所への通常予算割当てを五年かけて倍増させる決意が明らかにされている。また、集団殺害罪、戦争犯罪、民族浄化、人道に対する罪から住民を保護するために安全保障理事会を通じて集団的行動をとる用意があることも述べられている。第Ⅴ部では安保理の早期改革が支持されるとともに、人権理事会の新設、国連内の監視・管理体制の改善、信託統治理事会に関わる憲章規定と旧敵国条項の削除が求められている。

安保理改革については、G４案が廃案になってしまったこともあり成果文書での言及はトーンダウンしたが、しかし、保護する責任や平和構築委員会・人権理事会の新設、旧敵国条項の削除などいくつかの重要な政策が明記されていることは特筆される。ジェンダー平等の視座が全体を明瞭に貫いていることも見落とすべきでない。

米国連大使ジョン・ボルトンは、成果文書が「良い第一歩」になったとして早々と「満足」の意を表明した。米国にとっての最大の成果は、成果文書案にあった「軍縮及び不拡散」に関する箇所をまるごと葬り去ったことではなかったか。一九九六年七月八日に核兵器使用・威嚇の合法性に関する勧告的意見のなかで国際司法裁判所が言明した「全面的な核軍縮に至る交渉を誠実に遂行し、完了させる義務」の存在は完全に没却されてしまった。「不処罰」に関する箇所を削り取り、国際刑事裁判所への言及を封じたことも米国には満足の源だったに違いない。軍縮・不処罰とも、ミレニアム宣言からの明らかな後退である。テロリズムについては、アラブ諸国からの働きかけにより明確な定義ができなかったことに批判的な報道もあったが、しかしこの点も、占領下において自決のために戦う人民の権利とテロリズムとを区別すべきであるとした一文の挿入を阻止できたことから、米国にとってはまずまずの評価のようである。

人権理事会については、その構成も権限も具体的にされなかったが、この理事会は、人権侵害国をメンバーに抱えるため国際社会の信頼を失ってしまったという人権委員会に代わって新設されるものとされた。起草過程ではキューバやベネズエラなど一五ほどの国が人権理事会設置構想に立ちはだかったようだが、しかし、米国も英国も、そして日本も、そうした主張に敢然と抗ったわけではなかった。それが、具体的中身を伴わぬ成果文書の文言になって現われ出たといってよい。

不均衡な国際構造

採択の前後に、ベネズエラやキューバの代表らが成果文書の意義に批判的な発言を行った。突出した発言のように見えようが、しかし、これらの国々の発言を通じて表明された懸念は、国連改革なるものがいったい何のために、誰のために行われているのかという根源的な問いを改めて考えさせるものでもあった。国連改革は、国連という国際機構の機能や有効性を向上させるために行われるはずのものだが、組織態様を整備することで真にそうした目的は達成されるのだろうか。問題は国連の側にではなく、加盟国の側に、ひいては国連の所在する国際社会の不公正な政治経済構造にこそあるのではないか。現に、成果文書に現われた新自由主義的な思潮を推し進めていくと、不均衡な国際構造がますます深まり、かえって国連の有効性を損なうことになってしまわないのか。

国連改革の歴史を振り返ると、常に次の三つの問いへの解が探られてきたことがわかる。「決めるのは誰か」、「執行するのは誰か」、そして「支払うのは誰か」。成果文書に決定的なまでに欠落しているのは第三の側面である。国連の有効性を少しでも向上させたいのなら、当然に出てきてしかるべき発想は「国連に、もっと潤沢なお金を」であろう。国連の予算規模はあまりにも小さい（二〇〇四―〇五予算年度の通常予算額は、約三一億六、〇〇〇万ドル）。この問題にきちんと対峙せずして国連の機能拡充はありえない。そのことは誰もが知っているはずである。にもかかわらずそれが素通りされてしまうところに、国連改革にまつろう深刻な問題を見て取れる。

核兵器レジームの二重基準の問題、国際刑事裁判所規程の普遍的で公正な適用の確保、あるいは、世界社会フォーラムなどに結集する新たな社会運動と国連との連携など、成果文書が積み残した課題は少なくない。国連改革はプロセスであり、成果文書は「成果」でありながら同時に新たな歩みの始まりでもある。日本政府も、分担金の削減までちらつかせ安保理常任理事国入りに固執するだけでなく、国連や国際社会をどう構想し、どう創り出していくのかについて、腰をすえた幅広い思考を深めていくべきだろう。

2　人権委員会から人権理事会へ

人権委員会の廃止

二〇〇六年三月二七日、国連人権委員会第六二会期が閉幕し、国連の人権保障を六〇年間にわたって主導的に担ってきた同委員会の活動に終止符が打たれた。代わって登場したのが人権理事会である。人権理事会については、すでに同年三月一五日に国連総会で賛成一七〇、反対四、棄権三という表決結果をもってその設置が決定されていた。人権委員会の廃止はこの決定に伴う既定の措置であった。

二〇〇五年の成果文書採択後、国連総会では理事会の具体化に向けて早速に討議が始まった。米国のボルトン代表は、新設される理事会の席にふさわしくない大規模人権侵害国を特定し、そうした国を排除するためにも理事国たる基準を厳格にしなくてはならないという主張を執拗なまでに繰り返した。人権委員会の構成国に人権侵害国が平然と名を連ねてきたことは紛れもなく、そのことに懸念が寄せられていたのは事実である。だがそれよりも、この委員会に巣食ういっそう深刻な問題は、人権問題の過度の政治化と二重基準の側面にあったように思う。それが、いつの間にやら構成メンバーの質に議論の焦点が収斂されてしまったところに、どうにも割り切れぬ違和感を抱かずにはおれなかった。

また、国連改革の流れでは往々にして見られることだが、人権理事会設置の局面でも、とにかく組織を変えることが〈善〉であるという牧歌的な発想が強く働いていた。人権委員会の信頼性と専門性が損われていたとしても、組織構造にその真の病根があったという診断は必ずしも説得的ではない。むしろ、問題の本当のありかは、構成国の側における政治的意思の欠如にあったのではないか。簡単にいってしまえば各国が「本気」でなかったということである。組織構造を変えれば自動的に「やる気」が出てくるというものでもあるまい。

それやこれや、組織改編に伴って議論しておくべき論点は数多あったのに、それらはあっさり素通りされ、何かに急かされたかのように人権理事会のあり方が決定されてしまった感を拭えない。総会議長エリアソンの熟達した交渉術により決議文に妥協の要素がちりばめられたことから反対票を投じた米国政府も、投票後に発言を求め、他国と協調して理事会の強化に貢献していく旨を明らかにしている。

人権理事会の未来

人権理事会の概要だが、「理事会」とは銘打っているものの、その実態は国連総会の補助機関にとどまる。ジュネーブに本拠を置き、構成国は四七、総会における選挙で絶対過半数（九六票）を得て選出される。その際、人権へのコミットメントが考慮事項になっているものの、アフリカ一三、アジア一三、東欧六、ラテン・アメリカ八、西欧その他七という旧来からの地理的配分も相変わらず維持されている。任期は三年で、連続しては二期まで。理事国はすべて「普遍的な定期審査メカニズム」に服し、自国の人権状況を審査される（詳細は後日決定）。会合は年に少なくとも三会期、合計一〇週間以上となっている（ちなみに人権委員会は年に一会期で六週間だった）。理事国の三分の一以上の支持があれば特別会期の招集もできる。重大で組織的な人権侵害を行っている理事国は、総会において、出席しかつ投票する国の三分の二の多数票で資格を停止されることもある。

人権理事会には、世界各地の人権問題への対応と国連における人権の主流化を推し進める責務が課せられているが、当面は人権委員会の誇るべき「遺産」である特別手続とＮＧＯとの協働、さらには人権小委員会の先端的機能をどのように継承・発展させていくのかが注目される。また、社会権や発展の権利を軽視する、自由権偏重の時代にまちがっても逆行しないよう、市民社会はしっかりと監視していかなくてはならない。

人権理事会の成否を大規模人権侵害国の排除にかからせる論評が絶えないが、私はそうは考えない。世界各地で生を営む無数の「名もなき」人間たちに寄り添い、その生命と自由を擁護する公正な法／政治環境を整備・拡充していくこと――。人権理事会の未来は、そこにこそかかっているのだと思う。

2　「強制失踪条約」の成立と課題

日本で「強制失踪」といえば朝鮮民主主義人民共和国（以下、北朝鮮）による拉致問題が連想されるが、強制失踪の問題は古くから世界のあちこちで起きている。

「強制失踪条約」の誕生

「強制失踪条約」とは正式には「強制失踪からのすべての者の保護に関する国際条約」と言い、二〇〇六年一二月二〇日に国連総会で採択されたものである。日本を含む一〇三カ国が共同提案国となっていることからも、国際社会のこの問題への関心の高さがうかがえる。

二〇〇六年の第六一回国連総会においてカリファ議長は、「強制失踪は世界的現象で、一九八〇年以来、九〇以上の国において五万一千件以上あった。二〇〇五年だけでも五〇〇件以上の強制失踪が新たに報告国連で確認されている。この条約は強制失踪を防止し、実行者を裁くとともに、被害者の救済をはかるものである」として採択を要請し、それに各国が応えて条約は採択された。

採択後に各国が自国の立場を説明したが、ここで北朝鮮と日本の間で答弁の応酬があった。日本が本条約の成立を歓迎する趣旨の発言をすると、北朝鮮は日本が拉致問題を政治的に利用していると批判し、加えて第二次大戦中の日本による何十万人もの強制連行や性奴隷、さらに、一九九二年に日本に拉致された青年の事件について言及したのである。これに対して日本は答弁権を行使して、数字は誇張で拉致は一切していないと主張し、それに対して北朝鮮が再反論するというやりとりが繰り返された。その情景は、記念すべき条約採択時のものとしてはいささか異様であった。

日本政府のねらいは

日本の強制連行や北朝鮮の拉致がぬぐいようのない事実だとしても、その当事者である両国が、強制失踪条約成立の最後の段階で自国のことのみにこだわってそのようなやりとりをする様子は、「この条約の普遍的意義をどこまで踏まえているのか」という疑念を抱かせるものであった。

また日本政府は早々とこの条約への署名を済ませているものの、批准を行っていない段階で、きわめて異例なことに、条約の仮訳文を外務省のホームページに登載した。これは条約に対する強い意欲ともとれるが、同時にそこには政治的思惑があるともとれるのではないだろうか。

その思惑とは、ある新聞で「『拉致は犯罪』という国際社会の声が明文化された意義は大きい。日本一国にとってみても『北朝鮮への圧力となり、拉致問題解決への強力な後押しとなる』(外務省)からだ。六カ国協議合意を受けて今月中にも開かれる日朝関係の作業部会でも、この〝条約カード〟を有効に駆使し、拉致問題の進展につなげたい」と報道されているとおり、北朝鮮に圧力をかける〝条約カード〟、つまり政治的手段として利用しようということである。

このことは条約の趣旨にとって好ましくないのではないか、という疑問が私には残っている。

強制失踪の広がり

人間の姿が消える事象は、いわゆる蒸発や戦争中あるいは自然災害での行方不明など、決して珍しいことではない。しかし強制失踪というのは条約にもある通り、同じ「人が姿を消す」事象であっても、政府が直接・間接に関与して、ある人間を拉致し、その後の消息をつかめなくすることである。強制失踪について私たちは日本と北朝鮮との関係だけで考えがちだが、カリファ議長も言及したように、今や国際社会全般にわたる問題となっている。

強制失踪の現代的起源は、一九四一年一二月七日にナチスドイツが出した「夜と霧」令（「ドイツの安全保障を脅かす」者を占領地域から秘密裏にドイツに移送。痕跡は消失し、所在情報は一切明らかにされない結果がもたらされた。）であるとされている。一九六〇年代にグアテマラ治安部隊がそれを採用し、一九七〇年代にはアルゼンチンやチリなどラテン・アメリカの軍事独裁政権の国々に広がり、多くの人びとが姿を消した。さらに一九八〇年代に入ってからもアジア、アフリカ、ヨーロッパで、そして東アジアでも事例が確認されている。

これに対して国連は、一九八〇年に国連強制失踪作業部会を設置して調査し、二〇〇五年一一月三〇日までに五万一二三六件の失踪事件を扱い、その時点で「七九カ国・四万一一二八件の強制失踪事件が解明されていない」という報告を出した。その後も年間何百件もの強制失踪が世界中で起こっている。つまり、これは日本と北朝鮮だけでは片付けられない問題なのである。

強制失踪への国際的対応のはじまり

なぜ政府は強制失踪に訴えるのだろうか。その理由は「責任の否認」と「責任の転嫁」（情報の攪乱）にあるといえるだろう。政府にとって不都合な人間を法の外で強制的に排除し、所在を問われても自分たちは知らないと責任を否認する、あるいは反政府組織の犯行として責任を転嫁することで、政府は自らの強圧的な政策を推し進めようとするのである。

しかし政府は認めなくても、政府が加担したに違いないと訴えるチリやアルゼンチンの被害者家族たちの粘り強い活動で、問題が顕在化していった。例えばアルゼンチンのＮＧＯ「五月広場の母親たち」の活動が有名である。彼女たちは軍事政権によって強制失踪させられた被害者の母親たちで、毎週木曜日に大統領府のある宮殿の前の「五月広場」という公園で、白装束で失踪者の写真を首から下げて静かに行進するという活動を続けていた。

政府側は最初は無視をしていたのだが、彼女たちがしだいに支持を集め始めると、ネガティブキャンペーンやメンバーを強制失踪させるといった弾圧を始めた。その一方で、アメリカの広告代理店を使って自国の観光キャンペーンを行なうなど、巧みな外交戦術で国内の人権問題を国外から指摘されないようにしていったのである。

しかし、この後に述べる国際機関の活動やサッカー・ワールドカップで世界中からアルゼンチンを訪れたジャーナリストたちによって、「五月広場の母親たち」の存在、そしてラテン・アメリカでの強制失踪等の人権侵害の実態が世界中に広められていくことになった。

国際機関の動き

国際機関の動きには、二つの流れがあった。

まず一つの流れとして、この問題がラテン・アメリカで起こっていることを受けて、アメリカ大陸の地域機関であるＯＡＳ（米州機構）の米州人権委員会が先駆的に活動した。具体的には一九七三年のチリのクーデター以降、明示に強制失踪を非難し始め、一九七九年九月にアルゼンチン現地調査を行って、刑務所で秘密裏に一一人の女性と三一人の男性が拘禁されていたという驚くべき事実を発見したのである。これを受けてＯＡＳは、一九七九年にチリ非難決議と各国への強制失踪対処決議を、一九八三年には強制失踪を「人道に対する罪」と性格づける決議を採択した。しかしＯＡＳの活動はアメリカ大陸という地域に限定されたものであった。

強制失踪に対する関心を世界的に高める契機となったのは、もう一つの流れである国連の働きだった。先述のとおり国連は一九八〇年に国連人権委員会（現国連人権理事会）に強制失踪作業部会を設置しているが、この設置に至るまでには激しい政治的なやりとりがあった。

一九七三年のクーデターに重大な関心を持った人権委員会は一九七四年にチリの人権状況に関する作業部会を設置してチリの人権問題に取り組み始めた。その最中の一九七六年にアルゼンチンでもクーデタが起こり、アムネスティの報告などによってこちらにも深刻な人権問題が起きていることが明らかになった。その後、アルゼンチン政府の抵抗もあったが、国連は強制失踪への取り組みを進め、ついに一九八〇年に強制失踪作業部会を設置してこの問題に対する姿勢を明らかにした。

しかしこの時点では、まだ強制失踪の定義やそれについての国際法のルールは不明確だった。その後、ＮＧＯのイニシアチブのもと、国連強制失踪宣言や米州強制失踪条約の作成へと向かっていったのである。

条約制定までの経緯

強制失踪に対する宣言や条約の作成が本格化したのは、一九八一年にパリ弁護士会人権研究所が国際コロキアムを招集してからだった。この時点で既に、後の国連強制失踪条約の成立にも大きな影響を与えるＮＧＯのラテン・アメリカ被拘禁者・失踪者親族会連合（FEDEFAM）が、条約の草案を提出している。

こういったＮＧＯの動きはヨーロッパやラテン・アメリカでさらに活発化し、それに応える形で国連でも一九八八年にパリ・コロキアムの報告者でもあったルイ・ジョアネ（フランス）が国連人権小委員会に宣言案を提出した。それは、ＮＧＯの協力もあって、一九九二年に「強制失踪からのすべての者の保護に関する宣言」として結実した。しかし宣言には法的拘束力がなく、効果も不十分なものであった。ＯＡＳが一九九四年に「人の強制失踪に関する米州条約」を採択した流れも受けて、国連でも一九九六年からいよいよ条約作りが始まった。

具体的には、一九九六年に人権小委員会の要請によりルイ・ジョアネが強制失踪条約案を提出し、それをNGOと協力して人権小委員会条約案としてまとめ、一九九八年に人権委員会へ送付した。これを受けて、人権委員会は二〇〇三年に草案作成のための作業部会をスタートさせる。この作業部会における五回の会期を経て起草作業は終了した。自由参加であったこの作業部会には、さまざまな思惑を持った政府が多数参加して作業を進めた。

この間の特徴としては、フランスが中心となって条約採択を推進し、アルゼンチンとチリが過去の反省からそれを支えていた点があげられる。また当事者の声を国連に届け、抽象的になりがちな議論を条約の必要性という現実に引き戻したという意味で、FEDEFAM の存在は大きかったといえる。一方、日本政府は、当初はさしたる関心もなかったようだったが、北朝鮮が拉致を公式に認めた後からその姿勢に変化が見られるようになっていった。しかし他の人権条約の制定過程と同様に、全体を積極的にリードすることは最後までなかった。

条約制定までの議論の中身

議論の中身で注目すべき点は、まず二条の強制失踪の定義である。本条約では、「直接的・間接的な国の機関による自由を剥奪する行為」「自由の剥奪を認めないこと」「失踪者の消息・所在を隠蔽すること」「失踪者を法の保護の外に置くこと」を強制失踪の構成要件としているが、「法の保護の外に置くこと」を含めるかどうかがかなり議論された。英国や日本などはこれを構成要件の不可欠の一部と主張したが、ラテン・アメリカ諸国は強制失踪の「結果」に過ぎないと反論した。結局は議長の判断で、両方の解釈ができるような内容に落ち着いた。外務省の仮訳を見ると、この部分について、日本政府の認識を上手に反映させる訳語が用いられていることが分かる。

これ以外でも非国家行為体の取扱い（三条）や真実を知る権利（二〇条一項）が議論された。中でも議論が集中したのは条約の形態と履行監視機関についてであった。

そもそも強制失踪の問題については、新しい条約を作るのではなく、既存の自由権規約に強制失踪に関する選択議定書を設けて、自由権規約委員会の主導の下で取り組めばよいという意見が、起草段階では多数だった。これに対してラテン・アメリカ諸国や議長、あるいはFEDEFAMの粘り強い主張によって条約とその履行監視を担う委員会が新設されることになったのである。

しかしここにも妥協点があり、発効から数年後の締約国会議で強制失踪委員会を自由権規約委員会に吸収させるかを判断する、という内容が条約に盛り込まれている。なお履行監視機関の機能としては政府報告審査、現地訪問（当該国の同意が必要）、個人通報（選択的）、緊急行動の四つが規定されている。緊急行動はきわめて特徴的なものである。また、国連事務総長を通じ国連総会に注意を喚起することもできる。

条約の意義

この条約が条約発効以前に被害にあった従軍慰安婦の裁判に適用できるかということについては、直接的には適用できないが、間接的には利用できるだろう。すなわち、条約の効果を過去に遡及させてほしいと被害者は思うだろうが、それは国家・政府の利益に反するので、明文で否定されしている。しかし「過去を克服しなければならない」ということはラテン・アメリカだけでなく、世界的にも当然の流れになってきている。したがって、条約の発効以前の被害者も公正の観点から、条約で保護される被害者と同等の処遇を受けるべきであるという議論はできるのはないか。

「強制失踪条約」ができたことによって強制失踪がなくなるかどうかは必ずしも明らかではない。なぜなら、「どうして強制失踪が起こるのか」という構造的な部分が議論されていないままになっているからである。

しかしこの条約は被害者の声、それを受け止めた専門家、過去を反省して問題に立ち向かおうとする政府などの連帯によって生まれたものである。確かに、条約成立以前の事件には適用しないといった制限も条文で明記されているが、「強制失踪を許さない」ということが再確認できただけでも、被害者に対する大きなメッセージになりうるだろう。また、九・一一以降、アメリカが対テロ戦争で行なっている「不正規移送」という新たな強制失踪にも効果を発揮することが期待されている。

最後に、犯罪の免責を否定する動きについて補足する。今日では、重大な犯罪に対して処罰を求めることが世界的な流れになっている。例えば、アムネスティ・インターナショナルは人権侵害を犯した者を免責しない運動を行なっている。また、人道法でも人権侵害には時効を設けないと規定している。

確かに、「不処罰の連鎖」がまかり通っていた時代と決別するため、処罰を求めることが必要であることは私も認める。しかし、そこにも問題がないわけではない。

犯罪者を処罰することは、その人を社会の中で自立した「個人」としてとらえ、その「個人」の責任を追及することである。しかし人間は、「社会的構造」の中で動いている側面も強い。犯罪の背後には、犯罪行為を導く「構造的要因」があることを忘れてはならない。そう考えると、「個人」をいくら処罰しても、「構造的要因」がそのままであれば本質的な解決にはならないのではないか。

強制失踪や戦争犯罪がなくならないのはまさにそのためなのである。確かに処罰は必要だが、それですべてが解決するという発想で議論を終えてしまってはならないということである。

3　戦争犯罪と死刑制度

1　死刑を封じ込める国際法のダイナミックス

この半世紀、死刑に対する認識はドラスティックに変わってきた。

国際人権文書による死刑の封じ込め

国際法の中で人権に関する分野を国際人権法、武力紛争に関わる分野を国際人道法というが、ともに人間の権利に関わる領域で、そこでは死刑に関する様々なルールが作られ、そのルールは一貫して死刑を封じ込める方向で流れてきた。

一九四八年に世界人権宣言ができた。国際人権規約は、世界人権宣言を条約化したものだが、この国際人権規約の一翼を担っているものが自由権規約で、六六年に条約化された。自由権規約六条に「生命というのは恣意的に奪ってはいけない」という原則が打ち出された後、死刑に関する詳細な規定が置かれている。死刑というのはあくまで生命に対する権利を制約する例外的なもので、極めて厳しい条件の下でしか科してはいけないと表明されている。

生命に対する権利には本来、例外はあってはならない。しかし現実には世界の多くの国が当時まだ死刑を持っており、そのような国を自由権規約の中に導き入れるためにも、死刑を自由権規約の中に入れ、しかしそれはあくまで例外であるという事で厳しい条件を課したのだった。

八四年に国連で死刑に直面している人の権利を保障するための決議が採択され、この中で非常に細かい手続き的なルールが定められる。こうした死刑を封じ込めていく流れは八九年に国連の中でピークに達し、死刑を廃止する条約、自由権規約第二選択議定書ができたのである。

八四年の拷問禁止条約は非人道的なやり方の死刑を禁止する。子どもの権利条約は一八歳未満の者の犯罪に対する死刑の科刑を禁止する。この様な形で国際人権法を構成している様々な条約あるいは国連の決議は、死刑を許す場合をじわりじわりと狭めて、死刑廃止条約においてそれが一つのピークに達したのである。

ヨーロッパでは八三年に死刑を廃止する第六議定書が作られた。これは戦時中に犯された犯罪に関しては例外的にまだ死刑は認めてよいということになっていたが、二〇〇三年の第十三議定書ではたとえ戦時であっても死刑は許されないということになった。米州人権保障体制でも米州人権宣言を踏まえて条約化された米州人権条約が自由権規約と同じように死刑封じ込め政策をとっているが、九〇年になり死刑を廃止する議定書が作られた。こうして八〇年代後半から二一世紀にかけて、死刑は許されないという流れがはっきりと国際人権文書の上で見られるようになった。

国際人道法文書による死刑の封じ込め

一九四九年に第二次世界大戦を踏まえて武力紛争下における戦い方のルールあるいは傷ついた人の保護に関する四つの条約が結ばれた。ジュネーブで結ばれたのでジュネーブ四条約、あるいはジュネーブ条約と呼ばれているが、この中で死刑については捕虜に関する条約と文民に関する条約の中で特別な規定が置かれている。文民条約には非戦闘員に死刑を科す場合における厳しい手続き的条件が定められている。捕虜条約や文民条約は、七七年に二つの議定書で補完されることになる。その中でも少年時の犯罪を理由とした処刑や妊婦の処刑、あるいは幼い子供をもっている母親の処刑などを禁止する規定がおかれるようになり、戦時においても死刑を囲い込んでいく流れがはっきりと見てとれる。

特に四九年のジュネーブ四条約共通三条というどの条約にも共通して見られる条項がある。「正規に構成された裁判所で文明国民が不可欠と認めるすべての裁判上の保障を与える裁判によらない判決の言渡及び刑の執行」を禁止することが定められている。「文明国民が不可欠と認めるすべての裁判上の保障」とは、自由権規約一四条にある適正手続きの保障であり、この適正手続きを保障しなくては戦争犯罪についても死刑を科してはいけないということである。このほか第一追加議定書などにも非常に細かい規定がある。戦争中、いわば非常事態において死刑を科す場合であっても保障されなくてはならない最低基準ということだから、平時であれば最低の基準としてよりいっそう要求されることになる。したがって平時においては死刑を廃止する方向が明確化され、戦時においても死刑を囲い込んでいき、死刑を科すことが著しく困難な状況になっている。

国際刑事法廷における死刑の封じ込め

九〇年代に入ると戦争犯罪に関しても国際法の規制は飛躍的に進展していく。特に旧ユーゴスラビアであるとかルワンダに関する特別の法廷が九三年と九四年に安全保障理事会の下で作られたが、この国際刑事法廷では最高刑が死刑ではない。拘禁刑しか科してはいけないということが規定の中に明記されている。

九〇年代に入ってから国内裁判所と国際裁判所の要素がミックスされた混合裁判所(Hybrid Court)が世界各地で立ち上げられる。武力紛争が終わって国家が新しい歩みを踏み出していくという時に、これまで行われてきた犯罪を清算し正義を実現するため裁判の果たす役割が非常に重要になってくる。その裁判がきちんとした裁判であるということが強く求められていることから、国連が関わることによって混合裁判所が作られる。コソボ、東チモール、シエラレオネ、カンボジアなどで例が見られるが、国連が少しでも関わる場合には最高刑が死刑ではなくなっている。国連は既に国際人権法・国際人道法を先取りする形で死刑を廃止する流れを作り出す努力をしてきた。コソボにしても東チモールにしてもシエラレオネにしても、死刑という刑が、もしそこに挿入されるのであれば国連は手を引く。したがって正しい裁判を行うために国連の関与が必要であるとすれば、最高刑は死刑たりえないということになっている。

九八年に設立文書が採択された国際刑事裁判所での最高刑は終身刑である。国際刑事裁判所というのは、人道に対する罪やジェノサイド、戦争犯罪という、国際社会つまり地球上で最も重大な犯罪が裁かれる対象となっている裁判所である。つまりこの地球上で最も重大な犯罪を犯したとされる人に対して死刑を科してはいけないということが国際刑事裁判所においてはっきりと宣言されている。半世紀前の極東国際軍事法廷、あるいはニュルンベルク裁判では最高刑は死刑であったことを振りかえると、ここに象徴的に死刑に対する国際刑事法の態度が現れ出ているのではないか。

自由権規約委員会における死刑の封じ込め

自由権規約委員会というのは一九六六年にできた自由権規約がきちんと守られているかどうかを監視するために作られた国際的な機関である。この条約に入っている国が五年に一度、提出する報告書の審査を行うのがこの委員会である。日本も七九年に自由権規約に入っており、これまで四回自由権規約委員会で審査を受けた。こうした報告書の審査と並んで自由権規約委員会は国際的な人権救済申し立てを処理する手続きも扱っている。自由権規約に保障されている権利が侵害されたと主張する個人は、国内であらゆる手段をつくしたがなお権利が救済されないという時に自由権規約委員会に救済の申し立てを行うことができる。生命に対する権利が侵害されたという救済申し立てが来たときに同委員会がどのような判断を下してきたのかをこの一〇年に限って見てみよう。

まず九三年のキンドラー事件。キンドラーというアメリカ人が、ペンシルベニア州の裁判所で死刑を宣告された後、カナダに逃げた。アメリカから引渡しの要請があり、カナダがアメリカに引き渡した。その時にキンドラーが「アメリカでは死刑が待っている。私を引き渡すということは既に死刑を廃止しているカナダ（カナダは当時、平時において死刑を廃止していた。）としてはやってはいけない行為である。生命に対する権利をカナダ自身がアメリカに引き渡すことによって侵害することになる」とカナダの国内裁判所に訴えた。しかしカナダの連邦最高裁判所は「カナダは死刑を廃止しているがアメリカに引き渡しても、カナダの憲法違反にはならない」という判断をした。キンドラーは自由権規約委員会に訴えたが、自由権規約委員会は「死刑を廃止している事実により、カナダにアメリカへの引渡しを拒否する義務はない。死刑を科さないという保証を求める義務もない」と判断した。

九三年のイン事件。カリフォルニア州で死刑判決を受けて刑務所から脱走してきた人がカナダに来た。カナダがアメリカに引き渡した。この事件では、キンドラーのように引渡しそれ自体が問題になったというよりは、カリフォルニア州で行われているガスによる処刑が非人道的な刑罰に当たり、そのような非人道的な刑罰を科せられることが予見されるのに引き渡すのであれば、カナダ自身が非人道的な刑罰を禁止している自由権規約七条に違反するとの判断が下された。

九〇年代の前半にはジャマイカを相手取った救済申し立てが多くあった。まともな裁判手続きのない中で死刑が宣告されるケースが頻発していた事情の下で提起された救済申し立てで、これらの救済申し立てを扱った自由権規約委員会は、きちんとした適正手続きを欠いて死刑を科すことになるのであればそれ自体が生命に対する権利を侵害することになる、適正手続きを欠く死刑の科刑というのは生命に対する権利を保障した六条に違反する、として、ただちに申立て人を釈放するよう勧告する判断が相次いだ。

二〇〇三年、再びペンシルベニア州から死刑判決を受け脱走してカナダに来たジャッジという人がいた。この時にカナダ政府はまたアメリカに引き渡す判断をした。ジャッジは、「自分の国に引き渡されると命を奪われる」と、生命に対する権利の侵害を争った。国内で救済を受けられなかったので、自由権規約委員会に通報した。自由権規約委員会は、一〇年前のキンドラー事件を持ち出すカナダ政府に対して、キンドラー事件の有効性が失われてきているということをはっきりと宣言した。「判断には一貫性がなくてはならないが、最も重要な権利が関わる場合は例外である。とりわけ、事実や法において顕著な進展が見られ、国際世論に変化がある場合はそうである」と。

そして、九三年のキンドラー事件の時点に比べて死刑廃止に向けた国際的なコンセンサスが広がっていること、カナダの連邦裁判所も死刑を適用しないという保証を得ることなく引渡しを行ってはならないという判断を下すようになっていることなどから、今日では、死刑が執行されないという保証なくして、死刑を廃止している国つまりカナダがアメリカに引渡しを行う場合は六条違反にあたる、ということを宣言している。

この一〇年の間に死刑廃止を求める国際的潮流が大きくなってきた。そして自由権規約は生きている条約であり、現在の水準に照らして解釈されなくてはならない。つまりInternational Law（国際法）というのは生きており常に進展しているということである。だから、このような判断が出てもちっともおかしくないと自由権規約委員会は言っているのである。

国際裁判による死刑の封じ込め

死刑をめぐって注目すべき判決を下してきた国際裁判所といえば国際司法裁判所と米州人権裁判所である。この二つの裁判所でともに争点となったのは、領事関係に関するウィーン条約という条約である。六三年に作られた領事関係に関するウィーン条約三六条は「逮捕・留置・勾留・拘禁された派遣国国民が領事官と通信・面接する権利」を保障している。例えば日本の国籍を持っている人が中国で逮捕・勾留・拘禁された場合、中国にいる日本の領事官と通信あるいは面接する権利をその人は保障されている。実はこの権利が米国では広範囲に渡って踏みにじられてきた。特にテキサス州で自分の国の領事と連絡する機会を全く与えられぬまま死刑を宣告されるという事態が生じていた。そうした外国人の中に多く含まれていたのがメキシコ人である。メキシコ政府は米州人権裁判所に「米国のとっている行動は領事関係に関するウィーン条約違反ではないか」ということについて法律的な意見を求めた。米州人権条約はアメリカ大陸に適用されている人権条約だが、この条約の下で米州人権裁判所が設置されている。米州人権裁判所は人権に関する条約の解釈について法律的な意見を求められた場合にそれについて答える権限をもっている。

米州人権裁判所は九九年に勧告的意見を出し、その中でアメリカの行動を直接・間接に名指ししながら、逮捕されている人と領事との接触の機会を全く与えないまま死刑が科せられているという事態は領事関係に関するウィーン条約三六条違反であるだけでなく、三六条に違反して死刑が科せられる場合は生命権の侵害になるということにまで踏み込んだ意見を開陳した。

米州人権裁判所の意見は、その後国際司法裁判所に大きなインパクトを与えていく。国際司法裁判所に対してパラグアイ、続いてドイツ、メキシコが自国民が領事と接触する機会を与えられないまま死刑を科せられ、死刑を執行されていた事態を前に、米国の領事関係条約違反を訴え出る裁判を提起し始めた。

特に重要なのはドイツが提起した裁判である。ラグランという兄弟がテキサス州で拘禁され死刑を宣告されたが、その際に領事関係に関するウィーン条約違反を手がかりにして死刑を止めようと、ドイツが国際司法裁判所に訴え出た。この訴えを受けて国際司法裁判所は米国政府に「このような訴えがあったので執行を思いとどまるように」という仮保全措置を命じた。ところが、その命令に背いて米国はラグランを処刑してしまう。しかしその後も裁判は継続し、領事関係に関するウィーン条約三六条にアメリカは違反したという判断が下された。

米州人権裁判所というのはおそらく地球上に存在する人権保障機関の中で最もリベラルな人権機関と言っても良い。その米州人権裁判所の意見が国際司法裁判所にかなり影響を与えたことがわかる。そして、ラグランの命を救えという声が、ドイツにいる多くの人々、ＮＧＯからドイツ政府に対して届けられ、それを受けてドイツ政府が裁判を提起した。さらに国際司法裁判所を取り囲んでいた死刑廃止を求める国際的潮流も無視できない要因としてあった。これまでの国家中心的な国際法の権化ともいえる国際司法裁判所にも、個人の権利を保障する流れがはっきりと見て取れる。しかもそこで、死刑をくい止める流れが増幅されているのである。

2 日本が国際刑事裁判所規程を受け入れる意味

戦争と死刑をつなぐ

「国際刑事裁判所」が、戦争犯罪と死刑をつなぐひとつのキーワードになってくるかもしれない。戦争と死刑の封じ込めを現実化するにあたって、国際刑事裁判所が果たす役割は非常に大きくなっていくだろう。

二〇世紀に入ってから「戦争を認めない」という流れが勢いを増してきた。一つには平和を求める勢力が大きな声を結集できるようになったことがあり、一つには殺傷能力が高まった兵器を使って戦争を行うことにより戦争当事国が相互に傷つくことがあまりにも多くなる、つまり戦争のコストが大きくなりすぎたということもあり、戦争を行わないで紛争を解決していこうという機運が高まってきた。

紛争は平和的に解決する、武力は行使してもいけないし武力によって威嚇してもいけない、これが国際法の現状であり、国際法を支えている平和思想である。武力は使わない、平和的に紛争を解決すること、これが大原則であり、最後まで追及しなければいけない義務である。

そして紛争をそもそも引き起こすような状況をいかに改善していくかという要請の下に、五〇年以上にわたって国際社会では人権保障システムが強化されてきた。国際社会において人間の権利が保障されるような環境を作り出すことによって紛争を未然に防止する。紛争が起きた場合にはそれを平和的に解決する。紛争を引き起こさないように人権保障を強化していく。こうした営みがこの半世紀の間、国際法の平和思想を具現化してきたと言ってよいだろう。

しかし平和の希求は大国によって繰り返し繰り返し踏みにじられてきた。国際法は平和思想に基づいているが、現実に国際法を動かしてきたのは米英を始めとする欧米の国々で、欧米の政府を代表していた人々は欧米の政策決定エリートにほかならない。その多くは男性で、そうした欧米の男性支配エリートが共通して持っていた侵略者の「記憶」が、国際法を踏みにじる際、常にその背後にあって機能してきた。だから武力行使は絶えなかったし、その場合、行使する側からしか国際法を見ない。行使される側の視点に立てないから、武力行使というものが常に繰り返され、武力を行使した人の戦争犯罪を処罰するなどということはおよそ現実味がないことだった。不処罰あるいは無責任の連鎖が繰り返されてきたことによって、国際法の平和思想が踏みにじられる事態が連綿と続いてきた。

そうした中で九〇年代あるいは二一世紀にかけて、国際法によって保護されてこなかった女性や先住民族、さらに民衆が声をあげ始めて、国際法を自分たちの利益を実現するように作り変えていくという動きが出て来るようになった。しかしそれに反比例するかのように、国際法をもう一度自分たちの手に取り戻そうとする米国、そして米国の政権を支えている政策決定エリートたち、多国籍企業による、いわゆる国際法の「帝国法化」という流れも同じように大きくなってきている。国際法を人間の側に引き寄せようという力と、もう一度帝国の側に国際法を寄り添わせようという力が激しくしのぎを削ってきている状況になってきているといってよいだろう。

国際刑事裁判所は、現行法の帝国法化が生み出した結果ではない、むしろそれに対峙する新しい潮流が生み出したものである。国際刑事裁判所は、攻撃する側の視点ではなく攻撃される側の視点に立っているという意味で、つまり、侵略者の記憶がそれを支えているわけではないという意味で非常に重要である。

不処罰の連鎖を断つ

特に注目すべきなのは「不処罰の連鎖を断つ」という機能である。大国あるいは強者が主導する法は、破られても処罰されない、不処罰・無責任の連鎖であったといえるが、実はそれが新しい戦争を連綿と繰り返す温床だったともいえる。その不処罰の連鎖を断ち切ることが国際刑事裁判所に課せられた最大の使命である。戦争犯罪であるとかジェノサイドといったような犯罪を封じ込めることによって、戦争ができない雰囲気あるいは法環境を整えるということである。これは別の言い方をすると、力ではなく法の支配という形で国際社会を構築していくという理念の現れである。

国際刑事裁判所は犯罪を犯したとされる人を裁くという意味で刑事裁判所であるが、しかしこの国際裁判所が希求しているものは犯罪者に制裁を加えるという以上に、被害を受けた人の尊厳を回復するということでもある。その意味において、裁きとは加害者に制裁を科すということ以上に被害者の尊厳を回復するということ、つまり社会的被傷性が強い者の立場を回復するということにつながるわけである。

もう一つ重要なことは、国際刑事裁判所が死刑を絶対的に禁止していることである。国際刑事裁判所で裁かれる対象となっている犯罪は戦争犯罪でありジェノサイドであり人道に対する罪だが、こうした最も重大な犯罪を犯した人にも死刑を科さないということは、その域に達しない犯罪を犯した人に対して死刑を科すことが困難になっていく事態を導くことになる。つまり、国際刑事裁判所が導き出そうとしている新しい国際環境の一つは、死刑のない風景であるとも言える。

国際刑事裁判所は攻撃を受ける側の視点に立って平和を希求し、同時に国家による暴力の極限である死刑を認めないことによって、力によらない形で国際秩序を構築していくという理念をそこに投影させている。だからこそ力による国際秩序を作り上げようとするアメリカが最も強く反発しているわけでもある。国際刑事裁判所は、理念に忠実に運用されることによって、つまり「帝国法化」の力学に乗っ取られない限りにおいて、国際社会のあり方を大きく変える契機になっていく。そこではもはや死刑を認める余地はなくなるのである。

III

排除と連帯と

抗《あらが》う思想／平和を創る力

1　揺れる人道大国カナダの現在《いま》

1　要塞の構築

カナダでの在外研究

二〇〇四年八月から翌年三月末まで約八カ月間にわたってカナダ・トロントに所在するヨーク大学難民学センター（CRS）で在外研究に従事する機会に恵まれた。世界有数の多民族都市トロントの中心部には名門トロント大学が壮麗なキャンパスを構えているが、ヨーク大学は街の最北部にあって、自由と活力みなぎるダイナミックな知の空間を創り出している。

四六年前に産声をあげたこの若き大学の創立趣意書には「批判的な知を耕す」決意が粛然と表明されている。オズグッドホール法科大学院をはじめ、多くの有力な教育・研究機関がこの目的のために付置され、五二四エーカーに及ぶ広大なキャンパスには文字通り批判的で進歩的な精神が溢れ出ている。むろんご多分に漏れず新自由主義の潮流はこの大学の深部にも長い影を落としているが、それでも学問研究の本義を忘れぬ多くの教員・学生によって支えられたヨークの雰囲気は、私には贅沢なほどに快適であった。

ＣＲＳに在外研究に赴いたのは実は今回が二度目である。前回、九八年夏から九九年末にかけてトロントに滞在したとき、カナダ全域、なかでもトロントのあるオンタリオ州では市場原理・保守主義がめざましい勢いで台頭していた。「カナダは米国の五一番目の州」という皮肉たっぷりのフレーズがまんざら冗談でもないような情景であった。

あれから五年経っての再渡航だったが、ブッシュ政権の下で米国が極端に右傾化・保守化していただけに内心の懸念は募るばかりだった。ところが意外や意外、カナダ（オンタリオ州）は想像以上に進歩的な空気を取り戻していた。そういえば、カナダを描き出すもう一つの大切なフレーズがあったことを思い出した。「カナダをカナダたらしめているもの、それは米国でないということだ」。米国からの強烈な圧力を受けながらもイラクへの派兵を拒否し続け、ミサイル防衛網構想にも「私たちは別の方法で国の安全を守るから」といってのけたカナダ。その存在価値は、米政府が理性を失ってしまったかのような今だからこそいっそう輝いているのかもしれない。

米国との差異化

二〇〇四年一一月に行われた大統領選挙でブッシュの再選が決まったとき、ＣＲＳの同僚の米国人たちは「信じられない」を連発し、心の底から慨嘆していた。選挙結果を見ると、ケリーが優位だった州は地理的にすべてカナダにつながっている。

そこでこんなことを言う人も出てきた。「ケリーが優勢だった州は、米国を離れてカナダに加わってはどうか」。

なんとも痛快な提案であった。むろんこれは現実離れした話ではある。だが現実離れしていなかったのは人の移動であった。大統領選後、カナダに移民する意思を表明する米国人がふえてきたのだ。特徴的なのは、第一級の研究者のなかにカナダへの移住を望む人たちが出てきたことである。こうした兆候は何年か前から見て取れたのだが、私の滞在中も、ペンシルベニア州立大学からマクマスター大学に移ってきたある米国人教授が、「カナダに着いたとき、あー、こんな新鮮な空気は何年も吸っていなかったな」と告白していたのが印象的であった。「新鮮な空気」が自由で批判精神の横溢する教育環境をさしていることはいうまでもない。カナダは長年、米国への頭脳流出に悩まされてきたのだが、今や逆に米国からカナダへの頭脳流入が増加しているということなのだろう。行政府の展開する米国との「差異化政策」が学問的・文化的にカナダを潤し始めている、といったところだろうか。

リベラルな連邦最高裁

保守化著しいブッシュ政権にこの上ない痛撃を食らわせているのは、ほかならぬ司法府である。ブッシュが最も忌み嫌うもののなかに同性者間の婚姻があることはよく知られていよう。「同性愛嫌いは社会で許容される最後の偏見」などといわれるだけあって、カナダでもいまだに同性婚には反対が少なくない。それだけに連邦でも州でも政治家はその法制化を尻込みすることしきりだが、その一方で少数者の権利の砦たる司法府（各州の裁判所）は、婚姻を異性者間に限定する現行法がカナダ権利・自由憲章（カナダ憲法の人権章典）の定める平等条項に違反することを繰り返し説いてきた。その様は、あたかも隣国の政治指導者ブッシュへの強烈な鞘当てのように映っていた。

リベラルで鳴る連邦最高裁も、連邦政府からの照会に応え、二〇〇四年一二月九日、同性婚を認める法案が憲法に違反しないことを粛然と宣言した。圧巻だったのは、裁判所の意見表明に先立って行われた利害関係者の意見陳述の模様である。保守派の面々が次世代生産装置として異性間婚姻制度の墨守を訴えるのに対し、最高裁の裁判官たちは、その主張の根幹を切り崩す鋭利な質問の矢を次々に放っていった。その時点においてすでにして最高裁の表明する意見の内容は容易に想像できたといってよい。

この一件が照らし出すように、カナダでは寛容な社会の構築に裁判所が大きな役割を果たすことが少なくない。なかでも連邦最高裁のリベラルな姿勢は、私にはまぶしいほどに映えて見える。司／法が社会変革に寄与しうるのだということを、この国に来ると誰もが強く実感するのではないか。日本社会で育った法律家には特にそうだ思う。

だがそれがカナダのすべてではない。この国にも陰影は宿っている。国境に身を置くと、それがはっきりと見えてくる。

2 カナダの難民法制

参戦の拒否

「この戦争に参加してはならないという良心的判断をした者に、私は完全に共感する。そうした人々の入国を認めることこそ、この国の政治的な姿勢である。カナダは、軍事主義を逃れ出る人々に避難の地を提供する。」

今や伝説と化した名宰相ピエール・トルドーのこの力強い言葉にも促され、四万人とも五万人ともいわれる米国の兵役拒否者たちが国境を越えカナダに渡ってきたのは、ベトナム戦争まっただ中の一九六五年から七三年にかけてのことであった。不法滞在者たるべき彼らの存在は高度の政治判断により正規化され（つまり在留が合法化され）、見事なまでに計算されたトルドーの政治実践は、同時代を生きる人々の脳裏に、「平和を愛する人道大国カナダ」のイメージを深く刻み込んでいった。

あれから三〇年。あのときの「記憶」を呼び覚まそうとする動きが再び生じている。二〇〇四年八月二二日、トロント市民の憩いの場ともいえるクィーンズパークにほど近いオンタリオ州裁判所前の広場に、二人の米国青年の姿があった。イラク侵略への参加を拒否し、カナダに逃れてきた「参戦拒否兵」たちである。そのうちの一人は、公衆の前にはじめて姿を現したという。大統領候補が軍隊経験をこれみよがしに喧伝しあう米国に押し戻されるなら、彼らが受ける法的・社会的制裁はどれほどのものであろう。大学への進学を希望する、まだあどけなさすら残す二人の若き米国人は、カナダの誇る難民認定手続に自らの運命を託した。カナダで難民として保護されること、それのみが彼らの自由を保証する手立てとされた。

超大国と国境を接しながらイラクへの派兵を拒み続けたカナダの社会には、米国の傍若無人振りへの嫌悪感が横溢している。二人の米国青年を囲んだ一群の人々も、反戦・非戦のメッセージを激しく繰り出していた。参戦を拒む者を保護すること、とりわけ、人種差別意識丸出しに戦争犯罪の限りを尽くす今次の戦闘行為を拒否した若者に安住の地を与えることは、「人道大国」カナダがとるべき態度としてこれにまさるものはないともいえるかもしれない。カナダには二〇〇四年九月末時点で三〇名ほどの「参戦拒否兵」たちが潜伏しているとの情報も流れていた。

だが人道の理念にとって悲しきことに、いや、なにより参戦を拒否する米国の若者にとって悲劇的なことに、カナダが彼らを難民として保護する可能性はきわめて低い。難民認定を勝ち取るために必要な要件が十分に備わっていないこと、そしてなんといっても米国からの「参戦拒否兵」であることが悲観的な位相を強めている。

さらに掘り下げてみるなら、国境を越える人の移動について米国がカナダに及ぼす圧倒的な影響に言及しないわけにはいかない。不正規な人の移入を許さないこと、領域を異質な外敵から守ること。「恐怖の文化」にあおられたこの政策目標を協働して構築することに、米加両国の新自由主義エリートたちは並々ならぬ精力を注ぎ込んでいる。九・一一は、その勢いをさらに加速することになってしまった。残念なことに、そうして精錬される政策協調が排除・除外の対象として優先的にあぶりだしているのが、難民であり難民申請者なのである。この大きな潮流のなかで、人道の理念が発現する余地は著しく狭められている。「参戦拒否兵」だからといってその例外なわけではない。カナダをとりまく政治環境は、三〇年前と今とではあまりにも違っている。トルドーの「記憶」は、遥けき過去に押し込められてしまったかのようだ。

難民保護／排除の歴史

二〇〇四年九月二九日、朝鮮民主主義人民共和国（北朝鮮）を逃れ出た四四名が北京にあるカナダ大使館に保護を求めて入りこんだ。中国では、北朝鮮からの亡命事件があいついでいたことから在外公館の要塞化が進められていたのだが、カナダ政府は鉄条網の敷設などが「開かれた国カナダ」のイメージを損なうとして、これに強い抵抗を示していた。結果として要塞化の遅れが今回の事態につながったのかもしれないが、見落としてならないことは、カナダ政府がこうした機会をとらえ人道・平和・人権のイメージを再生産していることである。巧みな外交戦略というべきなのだろうが、ただ、こと難民の処遇に関していうなら、この国がそうしたイメージを裏切らぬ法・政治実践を重ねてきたことは確かなように思える。先進工業国の難民政策への痛烈な批判を隠さぬ人権ＮＧＯでさえ、カナダの難民保護の実態には格別の評価を惜しんでいない。

だが、こうした外部からの賛辞に対し、カナダを代表するＮＧＯ・カナダ難民評議会（ＣＣＲ）はこう応えている。「私たちが世界で最も優れた国に数えられているのは、国際的なレベルがあまりにも低いからだ」。なんと羨ましくも痛烈な応答だろう。しかし、いわれてみればそのとおりである。難民排除政策を公然と遂行する米国やオーストラリア、英国、そして日本の実践を想起すれば、いささかでもまともな難民保護法制を実践している国は相対的に優良国の称号を与えられざるをえない。そのことは、当事者たる難民にとってなんら喜ぶべきことではあるまい。後述するように劣化の度合いを急速に強めるカナダの難民法制が依然として賛辞の対象になり続ける事態を、私たちはむしろ「恥」とすべきなのだ。

他のすべての国がそうであるように、カナダの出入国管理・移民政策も、人種差別の腐臭をふんだんに漂わせてきた。人種差別と制度的に決別できたのはようやく一九六〇年代になってからだが、難民は、その前もそしてそれから後も「歓迎されざる」外国人にほかならなかった。第二次大戦期、庇護の地を求めるユダヤ人を何人受け入れるべきかという問いに対し、あるカナダ政府官僚は「ゼロでも多すぎる（None is too many）」といってはばからなかった。この一件は、カナダの移民法史上、難民に向けられた最も醜悪な態度として語りつがれている。露骨に現われ出た差別・排除意識は、ユダヤ人のみならず、アジア人、アフリカ人、さらにカリブや中南米の人々に対しても振り向けられた。その後カナダは、「人道」の外套を巧みに装着させながら、特定の難民集団（一九五六年にハンガリー人、一九六八年にチェコ人、一九七三年にウガンダ人など）を政治的必要に応じて受け入れる政策を採っていく。ベトナム戦争時に多数の兵役拒否者を米国から受け入れたことはすでに述べたとおりである。

移民法の制定

一九七八年に移民法（Immigration Act）が制定されると、同法のもとできわめてユニークにも市民主導の難民受け入れが実施されることになった。宗教団体などが中心になり、一九七八年から八一年にかけて多くのインドシナ難民がカナダに再定住先を見出していった。ＣＣＲの礎が築かれたのもこの時期である。こうした「難民のための大きな持続的貢献が認められ」、カナダの人々は一九八六年に国連難民高等弁務官からナンセンメダルを授与される栄誉に浴した。第二次大戦期のユダヤ人排除が負の「記憶」であったとすれば、ナンセンメダルの受賞は紛れもなく正の「記憶」となって、カナダの難民政策を導いていく。

移民法はカナダの歴史上はじめて難民認定手続を制度化したものでもあったが、しかしその実態は日本の手続と同じように意思決定過程がいかにも不透明で、難民認定にかかわる機関が独立性を欠き、しかも申請者から十分な事情聴取なく難民認否がなされるという問題含みのものであった。この手続が設置されてほどなく、カナダ権利・自由憲章が制定された。憲法の一部をなす人権章典である。この憲章との適合性を問われた連邦最高裁は、一九八五年、移民法の定める難民認定手続が憲章の規定する基本的正義の要件を満たしていないという画期的な判断を下した。憲法の保護が難民申請者に及ぶことを明言したこのシン（Singh）判決は、難民認定手続の全面的な見直しをもたらすことになり、こうして一九八九年、新たに移民・難民委員会（Immigration and Refugee Board：ＩＲＢ）が設置されることになった。このＩＲＢこそ、今日、カナダが世界に誇る最も先端的な難民認定機関にほかならない。ちなみにシン判決の下された四月四日は、カナダでは「難民の権利の日（Refugee Rights Day）」となって祝われている。

その後も制度の改良に向け様々な試みが続けられていったが、二〇〇二年六月には、内外の情勢変化を反映して法律が大幅に改正され、「移民及び難民保護法」（Immigration and Refugee Protection Act）が施行された。この法律がカナダの現行難民法制の主柱である。

難民法制の現状

カナダに難民として受け入れられるには、次のいずれかの過程を経る必要がある。一つは再定住プログラム、もう一つは難民認定手続である。再定住プログラムとは、海外（外国）からの難民の呼び入れ、難民認定手続とはカナダの領域内（国境を含む）でなされる難民申請処理のことである。難民認定手続を経る難民申請者は、順調にいけば、まず「被保護者」として在留を許可され、ついで「永住者」資格をとり、最終的には「市民」となる。

再定住プログラムを担当するのは市民権・移民省（Citizenship and Immigration Canada：CIC）である。このプログラムは「政府支援難民」と「民間引き受け難民」という二つのカテゴリーからなる。前者は政府が直接に支援する難民、後者は宗教団体やコミュニティ団体など民間人によって引き受けられる難民をいう。毎年、政府支援難民については受け入れ目標数（七千人強）が、民間引き受け難民については受け入れ幅（三千人～四千人強）が設定されている。

再定住プログラムによって受け入れられる難民は①「条約難民」に限られない。これに、②「庇護国クラス（Country of Asylum Class）」、③「原因国クラス（Source Country Class）」が加わる。②に入るのは、出身国の外にある者であって武力紛争や大規模人権侵害により深刻かつ個人的に影響を受けたもの、③に入るのは、①または②いずれかの条件を満たすがいまだ出身国内にとどまっている者、である。③については、規則によりいずれの国が「原因国」にあたるかが明示されている。③の創設は、民間人引き受け制度とあいまって、カナダへの再定住の道を大きく広げているようにみえる。

だが子細にみるまでもなく、このプログラムは難民の受け入れそのものとは、いいがたい。

再定住を認められるには、上記の条件を充足するだけでは足りず、さらに、カナダで一定期間内に成功裏に定着する能力などを証明しなくてはならない。つまりこのプログラムは、基本的には、世界各地に滞留する難民集団のなかから最も良質の部分を選別して吸引するものといってよく、少々辛辣にいってしまえば、難民の受け入れというより、カナダの経済発展に寄与する者を呼び寄せる、人道の仮面を被った移民政策の一環というほうが正確なのである。（ただし、「緊急の保護を必要とする」難民や「被傷性の強い」難民の受け入れもこのプログラムの下で行われてはいる。）

難民認定手続

次に、難民認定手続について。カナダの難民認定に関わる国際文書は難民条約だけではない。二〇〇二年に施行された新法の最大の特徴は、「難民条約上の難民」に加え、「保護を必要とする者」を新たに認定の対象に据えたところにある。「保護を必要とする者」とは、出身国において拷問や非人道的な処遇にさらされる危険性のある者をいう。カナダの難民認定手続は、この意味で、拷問禁止条約の国内的実施措置としても機能しているわけである。

手続の流れは大要次のとおり。申請者はまず、ＣＩＣの係官により申請資格の有無をチェックされ（規定上は三日以内に）、資格要件ありと判断されるとＩＲＢ（のなかの難民保護部）に事案が送付される。ＩＲＢには実務家・研究者の垂涎の的である豊富な調査、資料収集能力が備わっており、進歩的なカナダの法曹にも支えられ、ジェンダー・ガイドラインなど、世界の難民認定基準をリードする様々な成果がここから生み出されてきた。

申請者は必要な情報を記した書類（ＰＩＦ）を作成し、ＩＲＢのメンバーによって直接に事情聴取される（事案が明白なときには事情聴取の必要のない簡易手続きにより難民として認定される）。ここで難民と認定されると「被保護者」としての資格を取得し、最終的にカナダの市民権を取得することは既に述べたとおりである。二〇〇二年法は、新たに「難民不服審判部（Refugee Appeal Division）」を設け、第一次審査で難民不認定を受けた者の異議申立て処理も可能とした。また申請者は、行政レベルでの判断に不服があるときは連邦裁判所に司法審査を求めることもできる。それが不成功に終わると、申請者は国外への退去を命じられる。もっとも、その前にもう一度「国外退去前危険評価（Pre-Removal Risk Assessment：ＰＲＡ）」を受け、難民または「保護を必要とする者」でないかの判断がなされる。最初の段階で難民申請資格要件を欠くと判断された者もこの危険評価を受ける。

3 「要塞化」という安全神話

ＩＲＢは二〇〇三年だけで約一万七、七〇〇人を難民として認定している（認定率は四四％）。この数字は日本からみるととてつもなく大きなものだが、難民のほぼすべてを抱える

「南」の国からみれば大したものではない。のみならず、カナダの難民認定制度には重大な欠陥が潜んでいる。まず、資格要件審査で退けられるとＩＲＢの審査（事情聴取）が受けられないという問題がある。再度の申請であったり、カナダの安全を脅かす者と判断された場合などがこれにあたる。加えて、二〇〇二年法は「安全な第三国」と指定された国から来た者の申請もこの段階で振るい落とすことにした。年間四万人に迫る難民申請者の三割から五割は米国経由でやって来るが、あろうことか、カナダは二〇〇二年暮れに米国と「安全な第三国協定」を締結した。

人道の陰り

この協定により、米国を経由してカナダに到着した難民申請者は、原則として米国に押し戻されることになった。カナダ経由で米国にたどり着いた者についても同じ扱いが求められる。二〇〇三年の実績を見ると、一万一、〇〇〇人が米国経由でカナダに来ていたのに対して、逆のルートをたどった者は二〇〇人に過ぎなかった。難民認定の「寛容度」の違いからすれば当然の選択ではある。たとえばコロンビア人の難民認定率（二〇〇三年）を見ると、カナダでは八〇％を越えていたのに、米国では四〇％を切っている。

カナダ政府にすれば難民申請処理に割く財政負担が減るというメリットがあり、他方で米国政府は、寛容なＩＲＢの実務慣行が「テロリスト」を北米に巣食わせる元凶と見ていたので、難民申請者をカナダに移動させずに米国の中で処理（本国への送還）しておく必要があったとされる。両者の思惑が一致しての協定締結であった。両国のＮＧＯは激しくこの協定に反対したが、とうとう二〇〇四年末に発効となってしまった。

二〇〇三年からは国境地点において米国への「直接追い返し（Direct Back）」政策も実施されるようになっていた。カナダはこのほか、世界的規模で大がかりな「入国阻止政策」も実施している。

Not in My Back-yard, Please!

独立性を誇るＩＲＢの手にかかる前に難民申請者を排除するため、カナダ政府は世界各地で不正規移動の取り締まりを行うようになっている。二〇〇三年の記録では、カナダの国際空港にたどり着いた不正規移動者は二、五三九人、世界の主要空港でカナダへの不正規移動を阻止された者は六、四三九人であった。阻止率七二％である。ＩＲＢの寛容な姿勢は制度的に蓄積されたもので容易には変更できない。それなら、カナダのまわりに要塞を築き、難民申請者をカナダに入れないようにする。先進工業国が推し進める Not in My Backyard, Please 政策がカナダにも浸透してきていることがよくわかる。

しかしこの政策はかえって「北」へのトラッフィキングやスマッグリングを誘導しているように思える。合法的なルートが絶たれれば、危険であろうと不法な手段に訴えざるをえないからだ。二〇〇三年暮れにＰＲＲＡの担当がＣＩＣから新設のカナダ国境管理機関に移行された。この事実に端的に現れているように、難民申請者はカナダの安全を脅かす「異質な外敵」と同一視されはじめている。九・一一の狂風も受け、米国と歩調をあわせた国境の「要塞化」が進みはじめているといってよい。

この点でさらに見逃せないのは、難民であっても、「テロリスト集団」とのつながりが疑われた場合には、拷問が待ち受ける本国に送還してもかまわない、という認識が広がりはじめたことである。この問題を付託された連邦裁判所は、拷問禁止条約を難民条約三三条二項の要請に引き下げて解釈しなおせば法的に問題はないという驚くべき裁定を下した。連邦最高裁も、拷問の禁止が絶対的なものであることを認めながら、国家の安全が脅かされる例外的な状況においては拷問国への送還が許されるという、これもまた私には信じられないような判断を開陳している。危険な者は中に入れない。危険な団体とつながりがあれば拷問が待ち受けていようと追い出してよい。これが、「人間の安全保障」を掲げる「人道大国」の現状である

シュレシュ事件の衝撃

拷問を容認する判決が出されたのは、シュレシュ事件においてである。スリランカ人のシュレシュはカナダで難民として認定された後、永住資格申請手続きを開始した。ところが、待てど待てど永住許可がおりない。それどころか、カナダ政府

はシュレシュを安全保障上の危険人物とみなし、退去を命ずるに及んだ。「テロ組織」タミール・タイガーの幹部として、資金集めをしていたというのがその理由であった。

シュレシュは本国に戻されると拷問を受ける実質的なおそれがあった。これはカナダ政府も認めている。拷問を受けることが分かっている国への追放は拷問の絶対的禁止を謳う国際人権法の要請に反する。シュレシュはその点を強調し、追放処分の取り消しを求めた。この事件は紆余曲折あって連邦最高裁に付託されたのだが、驚いたことに、最高裁は「例外的事情」があれば拷問は許されるという判断を開陳した。九・一一の激震冷めやらぬ二〇〇二年一月のことであった。

連邦最高裁はその際、こう判示している。条約について二元論を採用しているカナダでは、拷問禁止条約は直接には国内的効力をもたない。その一方で、カナダ権利・自由憲章は、本件のような「例外的な事情」がある場合には拷問を禁じているわけではない、と。私には信じがたい論理だが、しかしカナダでは、この判断が先例となって現在に生き続けている。ちなみに二〇〇五年には、拷問禁止委員会と自由権規約委員会でカナダの定期報告審査があった。国際人権法務をリードする両委員会は、拷問禁止規範の破砕をもたらすカナダ国内の法的潮流を激しく論難し、拷問禁止には例外がないことを強く説示した。こうした人権条約機関の声がリベラルな法実践を誇る連邦最高裁に精確に届けられることを祈るばかりである。

IRBの解体？

難民認定の態様も新法の下で変容した。ＩＲＢの審査はかつては二人体制で行われ、意見が割れた場合には申請者に有利な結論が下されることになっていた。ところが今や難民認否の決定にあたるのは一人である。異議申立機関の新設がその代償として予定されていたのだが、肝心の難民不服審判部は今日にいたるも設置されていない（法律が実施されていない！）。ＩＲＢのメンバーは政治的任命なため、質的にばらつきがあり、同じ状況を逃れ出てきた二人の申請者について、まったく異なる判断が示される例も出てきている。「誰にあたるかで結果が左右されるなんて、『運試し』と同じじゃないか」。不認定の憂き目にあったある申請者はそういっていた。連邦裁判所での司法審査も法技術的な側面にとどまり、不認定の判断が覆されることはあまり期待できない。「いっそのこと、ＩＲＢを解体してしまえ」という声も聞かれるようになった。難民申請者にとって、状況はかつてないほど厳しさを増している。

2　ジェンダー・ガイドラインのポリティクス――難民認定の法と政治――

難民の減少

難民が減り続けている。二〇〇四年、先進工業国での難民申請数は、とうとう冷戦終結前の水準（三六万八、〇〇〇件）にまで低落した。最も寛大な難民認定機関を擁するカナダでも、二〇〇二年に五万件を超えていた申請数はその後、瞬く間に半減し、さらに減少が見込まれている。世界が平和になったから、と単純に考えることはできない。むしろ難民の国外移動、とりわけ「北」への移動が強引に抑え込まれているという側面が強い。英国では、軍事力を行使してでも難民の動きを制御すべきだという声が強まっている。難民封じ込め政策の深まりと広がりは疑いようもない。

ところが一見すると不思議なことに、同じ難民であっても難民女性に対する保護指針だけは驚くほどの勢いで「洗練」されている。「ジェンダー・ガイドライン」が欧米各国で策定され、国連難民高等弁務官事務所も一九九一年以来、一貫してその普及に力を注いできている。難民が排除の対象と化す一方で、難民女性の保護が促される。矛盾するかのようなこの二つの事象の間には、いったいどのような関係が成り立っているのだろう。

フェミニスト・アプローチ

ジェンダー・ガイドラインを導く知的動力となってきたのはフェミニスト・アプローチである。（難民法分野では）一九八〇年前後に台頭したこの潮流は、難民条約が男性の経験のみに依拠して構築されていることを激しく告発し、私的領域に所在する女性たちの行動を「政治的活動」と認知すべきこと、そして、ジェンダーを迫害理由に含めるべきことを強く要求した。難民条約の定める難民とは、「政治的意見や特定の社会的集団の構成員性を理由に迫害を受けるおそれのある者」をいうが、「政治」が公的領域での活動に限定されるという認識やジェンダーが迫害理由として明示されていないことに批判の照準が定められたわけである。

このアプローチには同じフェミニストの間から異論があがった。具体的な文脈を無視して女性を一括りに扱う危険性が指摘されるとともに、法は、法的推論（解釈）を通じて問題の解決をもたらす内在的な力を備えているのに、難民条約を敵視するのではその効能を放擲することになってしまう、とされた。「政治」にかかわる公私の二分にこだわらずとも、また、ジェンダーを迫害理由に加えずとも、女性の経験は既存の法の解釈を通じて十分に反映できる。こうして新たに照射されることになったのは、「特定の社会的集団の構成員」という概念の可能性であった。女性は「政治的意見」ではなく、特定の文脈において女性という「社会的集団の構成員性」を理由に迫害を受けている。こう推論を展開すれば、「政治」にかかわる議論に深入りすることも既存の条約を変更する必要もなく、法過程の中にジェンダーの視点を組み入れていくことが可能になる、と説かれたのである。

ジェンダー・ガイドライン

ジェンダー・ガイドラインが依拠したのは、この後者の立場であった。九三年に国レベルで最初のガイドラインがカナダで作成されたとき、多くのフェミニストたちは、重大な人権侵害から女性たちを保護する営みとしてこれを高く評価した。だが欧米の男性支配エリートが賛同するだけあって、ジェンダー・ガイドラインには実に濃厚なポリティクスが刻み込まれている。第一に、女性たちのおかれた具体的な文脈を重視するという観点から、「南」（イランや中国など）の女性たちを取り巻く政治・文化状況が「悪魔視」され、その反面で保護を与える「北」では女性解放が達成されているかのような心象が醸し出された。第二に、女性を「特定の社会的集団」に閉じ込めることで、男性＝普遍／女性＝特殊という二分法が構成されることになった。第三に、解決策が法に内在していると説くことで、法外要素（法を創りだす外部的価値）への関心が希薄化されてしまった。

実際のところ、ジェンダー・ガイドラインが導入されたからといって難民女性の認定率はさほど高まったわけではない。法外要素が変わらなければ、肝心の法的推論に有意な変化を望めるはずはない。ガイドラインは、難民法を支えるジェンダー構造を強化するにとどまらず、女性を迫害する劣悪な状況が「南」に広がっているという言説を拡散させることで、「南」に対する「北」の介入を正当化する政治的機能すら帯びてしまった。世界銀行や国際通貨基金、国連安保理などを通じて推進される「北」の介入。それは、「南」が「遅れている」との前提に立つ。「南」から逃れ出る女性たちを救い出すことに向けられたジェンダー・ガイドラインの存在は、その格好の証となるのではないか。フェミニストの知的営為がもたらした重要な成果は、こうして現実世界では、難民法言説のいっそうのジェンダー化と「北」優位の国際政治構造を強めることにつながってしまった。

「難民女性の保護」は、「難民封じ込め」事象と矛盾するかのように見えながら、その実、両者は先進工業国の政治的利害を具現化するという点で密接につながりあっている。そのポリティクスに、「北」の難民法研究者はもっと敏感であってよい。

3 難民認定手続のゆくえ

認定機関、独立が必要

日本に来ても難民として保護を受けるのは難しい――。日本政府は、非常に不透明な難民認定手続きを続け、申請者を収容するなど過酷な処遇を強いることで、そんなメッセージを長年にわたって対外的に発してきた。それは、日本に庇護《ひご》を求めてやって来る難民が著しく少ない要因となり、難民を保護する国際的な責務を日本が果たしていないことにつながってきた。

難民認定手続きがあまりにも不透明との強い批判などを受けて、難民審査参与員制度が導入されたことは一定の制度的改善には違いない。しかし、入国管理をしている法務省が難民認定する点は変わっていない。異議申し立ての審査手続きで、第三者の参与員が関与するようになったとはいえ、参与員の意見はあくまでも参考意見で、法相の判断を拘束するわけではない。難民認定手続きが入管行政から独立していない問題は本質的には改善されていない。

参与員を選ぶプロセスも不透明で、難民問題や難民認定に詳しいことが参与員の適性基準になっているようには見えない。難民認定の際には、本国に戻ると迫害を受ける恐れがあるかどうかを見極める専門的な能力が必要で、十分な訓練を受け、意識を高くしておかないと、簡単に誤った判断をしかねない。参与員に対する適切な研修体制が整わなければ、参与員の意見そのものの質に問題が出てくる恐れがある。

法改正は一定の評価するがまだ不十分

仮滞在制度が導入され、難民認定申請中の在留が一応保証されるようになったのは評価できる。しかし、迫害国からの「直接」の来日でなかったり、六カ月以内に申請しなかった人は原則として仮滞在が認められず、収容される危険性がある。実際に難民としての保護を求めて移動する人たちは、入管当局が設定したルールを守ることができない事情にあることが多く、難民認定申請者に二つの類型を設けたことには疑問を感じる。

難民認定は政治的、外交的影響を受けやすい。だからこそ、独立性の高い機関が国際的基準にのっとりきちんと判断する必要がある。少なくとも、国にとって有益でないと判断した人を国境で排除する入国管理局に難民認定を委ねるのは、排除と保護という本来矛盾する二つの行為を同じ部署で担うことになり、独立性という点で決定的に問題だ。二〇〇四年の法改正は、難民認定手続きが始まった八二年以来初めての制度改革になるが、独立性の欠如という問題は依然として残された課題のままである。

将来、仮に独立した難民審査機関ができても、その制度を担う人の質も問題になる。今は、難民調査官に対する教育研修訓練が行われるようになったものの、難民調査官が数年で入国審査官に戻っていく体制が根本的に変わらない限り、入国管理者としてのメンタリティから抜け出るのは難しいのではないか。

日本の難民認定制度に対する信頼性を高めていくには、真に独立性のある機関と、その担い手たる適切な人材をいかに確保するかがポイントになるだろう。

4　管理／排除と寛容の間――入管法の改正――

「出入国管理及び難民認定法」は国境を越える人の流れを規律するものとして、社会の構築に決定的な影響を与えうる規範文書である。二〇〇三年以来日本では、「社会的不安」を背景に数次にわたり入管法の改正が行われてきている。そのうち第一六四回国会に提出された「出入国管理及び難民認定法の一部を改正する法律案（内閣提出）」について二〇〇六年三月二四日に衆議院法務委員会で参考人として意見を陳述する機会を与えられたので、次のような意見を陳述した。

入管法を改正するための法律案提案理由説明によれば、法律案の要点の第一は「テロの未然防止のための規定の整備」であり、これは、二〇〇四年一二月に策定された「テロの未然防止に関する行動計画」に沿ってのことであるとされる。九・一一以来、各国はテロ対策を強化してきており、今回の入管法改正にはそうしたテロ対策における国際協調という側面も現われ出ている。

テロ対策

テロ対策について国際的に主導的役割を担ってきているのは国連安全保障理事会であり、二〇〇一年一月一八日には「対テロリズム委員会」が安保理の枠内で設置されたことは周知のとおりである。法務省の作成した「出入国管理及び難民認定法の一部を改正する法律案資料」にも、「参考資料」として関連安保理決議がいくつか抜粋のうえ掲載されている。これらを一読して違和感を覚えたのは、安保理がテロ対策をとる際に各国に繰り返し遵守をよびかけてきている義務の存在に関心が払われていないことである。たとえば安保理決議一四五六が採択された際に安保理は、「各国は、テロリズム撲滅のためにとられるいかなる措置も国際法上の義務に適合していることを確保しなくてはならず、国際法、特に国際人権、難民、人道法に従ってそうした措置をとるべきである」ことを強調していた。

テロリズム対策が国際人権法や難民法上の義務を逸脱してはならないことは、二〇〇五年九月に招集された国連サミットで採択された「成果文書」や安保理サミットで採択された決議一六二四などで再三再四確認されている。今般の入管法改正は「テロの未然防止」を第一の要点に掲げている以上、法案審議にあたっては、安保理決議や国連サミット成果文書に従い、国際人権・難民法等との適合性審査を十分に行う必要がある。この観点からの審議を尽くすことは日本が国際法上負っている義務の履行という意味でことのほか重要である。

人種差別の構造

二〇〇四年の法律改正案は一定の人たちを除くすべての外国人に対し、上陸審査時に指紋等個人識別情報の提供を義務付けるものである。これらは「テロの未然防止」のために取られる措置であるため、必然的にこうした外国人はいわば「テロ予備軍」と認識されることになる。また退去強制事由にも、テロ対策として新たな規定が付加されることになっている。要は、危険なテロリストを選別し、国境の外に排出するということだが、これは、人間を「管理」し、危険な人間を「排除」するという発想に裏付けられており、実際には、特定の人種・宗教・民族集団に不均衡な不利益を生じさせる危険性を伴っている。現下の世界情勢においては、すべての外国人が均等にテロリストという懐疑の眼差しを向けられるわけではなく、特定の人種的・宗教的集団に不利益待遇が生ずるおそれが十分に考えられる。これは racial profiling と呼ばれるものであり、人種差別の一形態としてその防止と撲滅に向けた対策が強く求められる事象である。

法務委員会におけるこれまでの審議について管見するに、たとえば米国などで指紋押捺がすでに実施されていることに注意を喚起する向きがある。そのこと自体は事実であるが、ただ、見落としてならないことに、米国や欧州諸国は、日本の何千倍あるいは何万倍もの難民を毎年継続的に受け入れてきている。最も困難な状況に陥っている多くの人間たちに庇護の地を与え続ける営みは、「管理」・「排除」に対置される「寛容」の精神にもとづくものであり、それは、難民条約をはじめとする国際人権・難民法の理念を体現する営みでもある。また、米国や欧州諸国には、人種差別や外国人差別を禁止する法制度が整備されており、テロ対策によって生ずるおそれのある racial profiling に対抗する仕組みも用意されている。こうした諸国の営みと比較するまでもなく、今般の入管法改正が典型的なように、日本のテロ対策には国際人権・難民法への関心があまりに希薄であり、外国人を制度的に危険視する結果、国籍あるいは人種による差別が増幅されていくおそれがある。問題は、こうしたおそれが十分に認識されていないだけでなく、そうした事態を顕在化させないためにとられるべき措置がまったくといっていいほど考慮されていないことである。

プライバシーへの干渉

指紋などの採取は個人情報の取得であり、その限りでプライバシーの規制となる。もっともプライバシーの規制はまったく許されないわけではない。「市民的及び政治的権利に関する国際規約」一七条はプライバシーへの恣意的・不法な干渉を禁止している。つまり、指紋等の採取にあたっては、それがプライバシーへの恣意的・不法な干渉にあたるかどうかが審査されなくてはならない。この点で留意すべきは、プライバシーを規制する目的が具体的に存在しているのかということと、その目的を達成するためにとられる手段がプライバシーの規制を最小限度にとどめているのか、ということである。テロの脅威が抽象的な次元にとどまっている場合には指紋採取はプライバシーへの恣意的な干渉にあたる。その一方で、テロの具体的脅威を立証しえたとしても、そうした脅威に対抗してとられるプライバシーの規制は最小限度のものでなくてはならない。これは、右規約の法的要請である。国連安保理などが繰り返し強調してきているのはまさにこうした人権への配慮である。しかし、採取された指紋が他の行政機関や場合によっては他国に提供され、あるいは入管当局により長期間にわたって保有されるおそれがあるとなれば、プライバシーへの干渉はあまりに広汎であり、「恣意的」という評価を免れないであろう。いかにテロ対策であっても、人権の制約は最小限のものでなくてはならないことを改めて確認しておく必要がある。

「テロリスト」の定義

ところで、これまで私は「テロリスト」という言葉をなんの定義もなく用いてきたが、このことは、今般の法案についても相当程度に妥当する。とくに、「テロの未然防止」といいながら、上陸審査の場面で特定される「テロ」とはいったいどのようなものなのか、それが法文からは明らかではない。退去強制の場面で登場する「公衆等脅迫目的の犯罪行為の実行を容易にする行為を行うおそれがあると認めるに足る相当の理由がある者」という定義にしても、その境界線はかなりあいまいであり、ここにも深刻な問題が伏在している。いずれにせよ、「テロの未然防止」ということで国境における入国規制が強化されるのであれば、上陸を禁止される者、つまりは上禁者が増えることは確かであろう。指紋採取を拒否した者やテロリストとして上陸を禁止された者は、特別審理官による退去命令を受けた後、たとえば空港では送還便による送還までの間、上陸防止施設で身柄を確保されることになる。「身柄の確保」という表現が一般に用いられているが、しかし、これは実体は身体の自由の制限であり、これもまた、「市民的及び政治的権利に関する国際規約」の統制を受ける事象である。

「市民的及び政治的権利に関する国際規約」は第九条で身体の自由の制限が恣意的であってはならないことを求めている。この規定は、上陸審査の局面にも妥当する。しかし、退去強制手続の場合とは異なり、上陸手続の際には、上陸防止施設での身柄の収容を根拠付ける明文の規定が入管法には存在しない。また、上陸防止施設は国家の責任下にあるにもかかわらず身体の自由を制限される者についての処遇規則も整備されていない。「テロリスト」として上陸を禁止される場合には、他国の例を見るまでもなく、非人道的な処遇を受けるおそれが高まる危険性がある。そのためにも、上禁者の身体の自由の拘束を正当化する法的根拠の明文化と、処遇規則の整備が欠かせないはずである。だが、残念ながら、この点についても、法案では、人権への配慮がまったくといっていいほど見られない。入国規制を強化する度合いに応じ、人権面での法整備を同様に強化することを欠かしてはならない。

難民法上の保護

「テロリスト」として上陸を禁止される者であっても、難民としての保護を求めることはできる。難民条約は、難民性の欠格事由として戦争犯罪や人道に対する罪などを行ったこと、あるいは、「避難国に入国する前に重大な非政治的犯罪」を行ったこと、さらに、国連の目的原則に反する行為を行ったこと、をあげている。テロリストとされる者が難民としての保護を受けられない場合には、こうした条件のいずれかがなければならないが、その存否を判断するには難民認定手続の下での審査が必要である。テロリストとされた者が上陸を禁止される場合であっても、難民としての保護を求めるとき、いったい難民認定手続への接続はどのように保障されるのか。また、上陸を禁止され退去命令を受けた場合、迫害国や拷問を受けるおそれのある国に送還されないという手続的・制度的保障が確保されているのかについても疑念が残る。難民条約や拷問禁止条約により日本に課せられた法的義務の遵守を確保するセーフガードが今般の入管法改正案に見られないことに、重大な懸念を表明しなくてはならない。

テロリストの排除と人権保障

テロリストを排除することそれじたいが正当な目的と認められる場合であっても、そのために採られる措置は、国連安保理がいうように、国際人権法・難民法等と適合するものでなくてはならない。今般の入管法改正案には、テロ対策という側面が突出しており、国際法によって要請される他の義務とりわけ国際人権・難民法上の義務をどのように実現するのかについての配慮が控えめにいっても不十分であるように見受けられる。

テロリズム対策の際に人権保障の必要性が強調されるのは、それが法的義務であるから、ということはいうまでもないが、これにさらにもうひとつ付け加えるなら、「管理」や「排除」ではなく「寛容」の精神を体現する人権保障政策こそが実はテロの防止と撲滅に最も効果的であると広く考えられているからである。「テロの未然防止」をめざす入管法改正にあたっても、こうした人権保障の視座を忘れることがあってはならないと思う。

Ⅳ

〈再びの一九世紀〉を超えて

抗《あらが》う思想／平和を創る力

1 国際法からみた「報復戦争」

1 「新しい戦争」という落とし穴

九・一一の「新しさ」

九・一一後の事態は前例のない、非対称な「新しい戦争」といわれている。けれども、そう描出することによって、これまでの国際法はこのような事態には役に立たないのだというイメージが作り出されてきているように思う。国際法は国家間の関係を規律するものなのに、国家対テロ組織というのは、今までの国際法が用意していたものとは違った事態になっているのだから、今までの国際法を乗り越えていってもかまわない、国際法については関心を払わないでいいのだ、というイメージがだんだん増幅されてきたように思う。

これは「新しい戦争」だとみんなが言っているが、よく考えれば必ずしも新しいことではない。国家対テロ組織とか国家対ゲリラ組織といった非対称な武力紛争は、ずっと前からあった。例えばPLOとイスラエルの関係もそうであったし、アメリカ自体が中南米とか南部アフリカでやってきたことを考えれば、国家対非国家行為体間の武力紛争はずっとあったことがすぐにわかるのだが、一度も新しい戦争だなどと言われたことはなかったし、そうした事態におけるイスラエルやアメリカの武力行使は国際法違反ということで非難されてきた。

ところが九・一一の場合は「新しい戦争」だということで、アメリカに対して国際法違反という非難が上がるどころか、批判がまったく抑えられているという状況である。それが国際法の観点から見ると非常に特徴的で、国際法をとりまく国際的な政治環境が八〇年代と九〇年以後でいかに変わってきたかがよく見えてくる。

正戦論への歴史的退行

もう少し長いスパンで見てみると、国際法というのはいかにして国際社会における武力の行使を抑制するかというものすごく大きいテーマとずっと向き合ってきた。近代国際法が生成されつつあった一七世紀の頃は、正しい戦争、正しくない戦争という意味での正戦論が主で、それが一八世紀、一九世紀になると、誰が正しいか正しくないかを判断するのか、判断できる人はいない、ということになり、戦争は入り口の段階では自由にやっていいが、戦いのやり方を規制する無差別戦争観の時代になった。

二〇世紀に入ると国際連盟、それから国際連合が作られ、戦争の違法化が進む。とくに国際連合では戦争という名称が使われようと使われまいと、一切の武力行使、武力による威嚇は原則として許されないというところまできた。国連の下では、少し語弊があるかもしれないが、人権などを犠牲にしても武力行使は抑制するという絶対平和主義的な思想が、現実に守られたかは別にして、法のレベルでは重要視されてきた。ところが九〇年代以後、もう一度、正戦論の時代に戻りはじめたような気がする。それは、国家が福祉国家の前の段階に戻ってゆく、(新)自由主義的な発想に戻っていくのと平行して進んでいる。つまり歴史が逆行しているようなものである。ただ、一七世紀のグロチウスの本で言われていたような正戦論は、結局正義かどうか判断する人はいないというところで退けられたが、今はアメリカが判断するということになっている。今の正戦論は、正邪を判断できる判断権者を伴った新しい正戦論といってよい。聖戦論というべきなのか。そんな時代に、とくに九九年のNATOのユーゴ爆撃以来入っているのではないだろうか。九・一一もそういう意味で、国際法の流れから見ると、もう何百年も前の国際法が現代的な衣を被って帰ってきたような気がする。

法的根拠を欠く武力行使

アメリカ中心の考え方がおそらくどんどん世界を突き動かしているのだろうが、法はそれと一緒に動いているのではない。一緒に動いてくれないからこそ法が無視されているわけで、無視していても守るべきとされる国際法の下では、二つの場合しか武力を行使できない。一つは集団安全保障体制で、国連の安全保障理事会の下で授権があった場合。もう一つは自衛権の場合。アメリカは国連の中で共同行動をとっていくという立場を取らないので、今の法の下では自衛権を根拠にせざるをえない。だから九・一一の約一カ月後、アメリカがイギリスと一緒に空爆を始めたとき、自衛権を口にした。安保理事会に自衛権の名の下に武力を行使したと報告もしている。これは一応今の法を守っている、少なくとも否定はしないというメッセージなのかもしれないが、国際法上の自衛権では今回のアメリカの空爆は正当化し切れない。だから既存の法を持ち出し、それを守っているかのように見せながら、実はその法を逸脱し続けている。自衛権では今回の事態は正当化できないが、自衛権を使わないと武力行使を正当化できない、そういう「ジレンマ」を味わっているのではないだろうか。もしアメリカに良心があれば、だけれど。

武力行使か警察権の行使か

このような武力行使を警察行為として類型化することはできない。アメリカ政府だって、アフガニスタン攻撃を警察権という概念によって正当化しているわけではない。武力行使を正当化するには自衛権を持ち出すか、国連の集団安全保障体制を持ち出すか、二つしかない。これがそもそも不備だと言われればそうだが、いまの法の仕組みとしてはそれしかない。

で、国連を動かしたくないのなら自衛権を持ち出すしかない。しかし自衛権というのは自分の国に対して仕掛けられた武力攻撃を排除するのに必要な限りで武力を行使していいということだから、他の国に乗り込んでいって、そこを破壊する、またテロ行為を行った人をつかまえて、自分の国に連れてくるというようなことは、自衛権の範囲を越えている。そういうことをやりたいなら、国連の集団安全保障体制の下で、多国間の枠組みで圧力をかけて、犯罪者を引き渡させる手続きを取らざるをえないし、今回の場合長期的に見て正義にかなっている。だが時間はかかるし、また売られた喧嘩を買いたいアメリカにとっては、多国家間の枠組みは使いたくなかった。しかし自衛権の枠組みでは他の国に行って捕まえることはとても正当化できない。

世界貿易センタービルに航空機を乗っ取って突っ込ませ、多くの死傷者を出すという行為、それ自体は犯罪行為である。私はこれを放置すべきだと言っているのではまったくない。しかしそれへの対応として武力を行使して犯人を捕まえに行くのは、予定されている法の枠組みを逸脱するし、長期的に見てけっして好ましいものではないと思う。

加害者の処罰

テロ行為の容疑者を裁く場合には、今の段階では、大きく二つの選択肢がある。一つはアメリカなりどこかの国内の裁判所で裁く。もう一つは特別の国際法廷を設けて裁く。アメリカとしては自国に連れてきて裁きたい。国際法では、テロが起きた場合にはどこかの国内裁判所で裁くと定められている。テロの容疑者が世界中のどこに逃げても、国際的協力によってその人を捕まえて裁く。これが国際法の予定してきたものである。それゆえ、その枠組みで言えば、アメリカの国内の裁判所で裁くためにアメリカに容疑者を連れてくること自体は正しい。ただ連れて来るやり方が問題なのである。

例えば国連の安保理事会に働きかけたり、その容疑者がいるとされている国の協力、あるいはその国に圧力をかけられる別の国の協力を通じて容疑者を逮捕する。その国にアメリカのＣＩＡなりが乗り込んで行って秘密裏に連れてくるのは許されない。実際アメリカはいくつもやっているが、これは国際法上、本当は許されないので、国際的協力の枠組みを使わなければならない。そういう形でルールを守ろうとしてきた。本来そうすべきなのに、アメリカは直接乗り込み、武力を使い、爆撃をし、無関係の人を大勢殺している。このこと自体が間違っている。

もう一つ特別法廷だが、旧ユーゴスラビアやルワンダで大規模な虐殺が行われたときに、国際法上絶対に許すことのできない犯罪であるとして、国際的な裁判所を特別に設けた。今回も、やろうと思えばできなくはない。九・一一の事件は多くの人命を失わせたとして、人道に対する罪で裁くための裁判所を設けることは、選択肢としてはありうる。その方が、アメリカの中で裁かれるより国際的正当性があるという声は現にあがっている。

でも九・一一は確かに大事件だったけれども、誤解を恐れずに言えば、この程度の殺戮は現代のアメリカの中では初めてでも、他のところでは頻繁に起きていることであって、これだけを取り上げて特別の法廷を設けることは、取り上げられなかった多くの命をむしろ軽視することになってしまうかもしれない。

2 国際秩序改編の力学

九〇年代からの潮流の表面化

九・一一の問題性についてあまりにも多くの人が「新しい」というので、私は天邪鬼なところがあって、「新しくない」ということを言いつづけてきた。「新しい」ということで、法を守らなくていい流れが作り出されることを警戒するからだ。もっともその面を別にすれば、新しいことは一杯あるとは思う。例えばアメリカにとっては、自国領土の中のニューヨークという大都会でこれほど大規模な殺戮行為を受け、しかも武力攻撃に相当するといわれるほど大きい被害が生じた。また今の国際社会の構造の中のアメリカの力を思えば、アメリカが受けた攻撃は、同国を中心とする国際秩序そのものへの挑戦であるという意味でも新しいのかもしれない。

ただその点も、進行中であった事態が具体化したというだけであって、私たちの目の前に現れた事態は、これまで見えなかったかもしれないけれども、もうすでに十数年の間、厳然と進行していた事態だと思う。治安の維持・管理であるとか、外国人・難民の排除であるとか、そういったものはもう真綿で首を締めるようにずっと進行していた。それがこの事件をきっかけに大きく表面化したというだけで、根はずっと前からあって、むしろそれを知らなかった方がおかしいのだと思う。難民の問題でも、日本でもアフガニスタンの難民が収容されたりして、それについて九・一一の影響は、と聞かれますが、たしかに影響はあるが、それ以前から難民に対する処遇は厳しかった。特に九〇年代に入って、世界的傾向として、先進国にとって不要な人間は途上国の中に閉じ込めておくという流れがはっきりしている。九・一一はその流れを決定的にしたかもしれない。それは、新しいというより、これまでの流れを再刻印しただけ、というほうが現実にかなっているように思う。

冷戦終結前、レーガンやサッチャーが登場したあたりから、経済構造は著しく変わり、それとセットになって軍事力の行使態様も変わってきた。アメリカ自体がリビヤなどから「テロ」攻撃を受けるようになったのもそのあたりからである。その頃からアメリカは「テロ」に対しては犯罪取締りのアプローチではなくて、戦争という形で取り組みはじめた。その意味からも今回の事態は新しいというより進行中であった事態が大きく取り上げられたといえよう。アメリカの力が相対的にも絶対的にも著しく大きくなったことが、八〇年代や九〇年代前半とは違う点だと思う。

自衛権のタガを外すアメリカの試み

アメリカは、国際法を踏み越えて行くとは公然とは言わないで、一応何らかの理屈を立てている。国連の枠組みを使わないのだから、自衛権というしかない。自衛権は緊急やむをえない場合とか、加えられた攻撃に見合うだけのバランスのとれた程度しか仕返ししてはいけないとか、タガがはめられている。そして暫定的なものである。つまり最終的には国連の枠組みに問題を移行しなさいというタガもかけられている。その点からすると、今の事態ですら正当化できないのに、さらにイラクまでいくなら、まったく別物の自衛権という概念で、自衛権の中身を書き換えるような解釈をせざるをえなくなるだろう。武力攻撃を受けたからではなく、アメリカが脅威を受けている場合でも武力を行使してその脅威を抑え込んでいい、と変えていくしかない。

つまり予防的自衛という、アメリカは今でもそういう考えを打ち出している。多くの国際法学者はおかしいと言っているが、だんだんそういう声も小さくなっていくのかもしれない。国際法学そのものがアメリカの行動に批判的スタンスをとれるかどうかが、大きな問題になってきている。特にアメリカの国際法学者のなかにはアメリカの行動を正当化する議論を繰り返し発表している人が少なくないのだから。

国連憲章五一条の自衛権は国連文書で初めて出てきた自衛権であって、それ以前の自衛権はもっと幅広い利用ができたのだ、だから自国が脅威を受けたときや脅威が継続的にあるときはいつでも武力を行使していい、というような自衛権の考え方があって、それは今でもある。ただ国連憲章という枠組みの中でそれが抑制されているに過ぎない。国連自体がうまく機能しないときには、その元々あった自衛権を援用していいのだ、と言う人がいる。国連の枠組みの中で見ても、国連憲章の自衛権へのタガは、国連の安保理事会がちゃんと機能することを前提にしてのことで、うまく機能しない場合は自衛権についてのタガも外していいと解釈する人もいる。あるいは、国連の目的には人権を保護するなどいろいろあって、それを実現するためには武力を行使していいと公言する向きもある。自衛権、あるいは武力行使禁止規算のタガがどんどん緩められているように思えてならない。

捕虜とは誰か

捕虜になるには戦闘員でなければならない。アメリカはいま誰と戦っているかが問題なので、相手が私にはよく見えないけれども、アフガニスタンに戦争を仕掛けたときに、誰が反撃するかと考えると、タリバン政権なのだろう。

国際法上の戦闘にかんするルールは基本的には国家と国家の戦争を想定してきた。だからアフガニスタン対アメリカという形でしか見られない。けれども、もう一つアフガニスタンの中には内戦もある。だから一方にアメリカ対アフガニスタンという国際的武力紛争、他方に内戦という構図がある。アメリカは内戦にもからんでいる。ビン・ラディンだが、彼は戦闘員ではなく、一般住民になるのではないだろうか。だから捕虜にはならない。また、戦闘員であれば殺すことは許されているが、市民である彼をターゲットとして殺害することは、国家間のレベルで見ても内戦のレベルで見ても許されない。

国際法における「テロ」

国際法にはテロの一般的定義はない。例えば航空機を不法に奪取する、航空機の中で殺傷行為をする、そういうことを規制することはあるが、しかしテロ一般を、暴力によって社会一般に脅威を与える行為などと規定してしまうと、テロリストと「自由の戦士」は一日にして変わるし、民族解放闘争とテロ行為も一日にして変わるという判断もあって、一般的定義は国際法上しない。飛行機を奪うとか、ある目的を達成するために人質をとるとか、そういう個別の行為は規制するが、それを一般化してテロと定義はしていない。テロ一般を規制することは歴史的に見て好ましくないという判断が働いてきたからである。パレスチナの場合のように、民族解放運動などを支持する力が国際社会にはっきり働いていたのだから。ところがだんだんそういう声が封じ込められている。イスラエルのパレスチナへの攻撃がひどく露骨になっているが、その背景には暴力を前景化させたアメリカによる価値の一元化が進んでいると思う。

ちなみに、ジェノサイドとか人道に対する罪といったものは戦争があろうとなかろうと成立する犯罪である。テロということで処罰されるのではなく、例えば人道に対する罪としてテロ行為が裁かれることはありえる。

3 国際法をめぐる綱引き

国際法の担い手は誰か

アメリカの行動を追認せざるをえないという声が上がるのは間違いない。もっと精確にいえば、今の国際法は追認というよりは沈黙を強要されている。

あるいは部分的に抜き取られてそれが武力行使を正当化するために使われている。沈黙か選別的利用かだと思う。そういうことをやっているのは、政策決定者、あるいはその周辺の研究者だ。彼らが、新しい事態なんだから国際法は必要ないといったり、あるいは自衛権という言葉だけを今の制度から抜き取ってきて、中身を変えてしまっている。

今回実に興味深いのは、国際法を守れという声が、政策決定者ではなく、市民、民衆など〈下〉から出てきていることだ。〈上〉は国際政治環境が変わっているから、国際法が邪魔、あるいは必要なところだけ抜き取る。それに対して国際法を守れという声が〈下〉から出てくる。マスコミできちんとは報道されないが、世界的にかなりの規模で出ている。日本ではそれほどの盛り上がりはないと批判されるが、日本でもデモをする人たち、NGOの声明などで国際法を守れ、裁きをせよという声は相当あがっている。これはすごく面白い図式だと思う。上からの声、下からの声が国際法をめぐって綱引きをしているように見える。両方とも国際法を味方につけたいということなのだろうが、ただ上の方は、今の国際法は自分たちの行動を制約するから、できるだけ蓋をしたいというのに対して、蓋をさせないぞ、という声が下からでてきているのである。

今までは政策決定者、日本では外務官僚を中心とする人たち、それに寄り添う研究者たちが国際法を独占してきた。そういう事態が続いていけば暗澹たる事態だが、国際法を守れという声が下から出てきているなかで、国際法はより広く、開かれた形でその意義を十分に感じ取られる時代になってきたようにも思う。そういう意味で、市民の利益を守る国際法というイメージをより強く打ち出していくチャンスではないだろうか。日本軍性奴隷制に真正面から挑んだ二〇〇〇年の女性国際戦犯法廷もそうだが、政府が国際法を沈黙させたり、部分的に抜き取ってしまうときに、国際法を守れという声を出しているのは、市民たち、とりわけ女性たちである。そこに私は希望を見出すし、全体像は国際法をめぐってもけっして暗澹たる状況ではないと思う。

経済のグローバル化への異議申立て

それは、結局は経済のグローバル化への異議申立てにも重なっていく。アメリカがこれだけ力を発揮し、大国だと思われているのは、経済秩序またその下での価値の組み変えがものすごい勢いで進んでいるからでもある。結局は今回のアメリカの武力行使もそこに繋がる。それは九・一一を生み出した土壌という意味でもそうだし、アメリカがこれだけ傍若無人に振舞えることの背景でもある。だからそこを変えないと、市民のための国際法というものも実現できない。テロリズムと戦争に反対するという声を挙げることも必要だが、そこだけで闘っていても事態は変わらないと思う。テロを生み出す温床そのものがアメリカを支えているわけなのだから。

問題なのは、これだけ不均衡な経済構造、あるいは市場原理主義を世界的に行き渡らせているのも国際法なのである。だから国際法という一つのものがあるわけでなく、人間の価値を実現しようとする側面がある半面、企業の利益を実現しようとする側面もあって、いまは企業の利益を実現しようとする声が国際法の中でものすごく大きくなっている。それがアメリカを中心とする経済のグローバル化を支えている。それをいかに変えていくかが重要である。いままでは人権の問題は人権で、あるいは軍縮の問題は軍縮で、経済の問題は経済でやっていればいいと考えられてきたが、これではもうダメで、根っこはどこにあるかを見据えた上で、そこにすべての力を注いでいくことが、逆に人権や軍縮、環境の分野における国際法にも跳ね返っていくのだと思う。一日にして成果が上がるものではないが、そこのところをやらないといけない。だからグローバル化を問う声は国際法学にとっても大変重要で、そこを突破口にしなければと強く感じている。

2 法の力で戦争を囲い込む

平和への脅威はそこにあるのではなく、誰かによって作りあげられるものだ。武力行使の口実をどうあっても作り出したい米国政府の姿を見るにつけ、その思いを強くする。

しなやかな平和思想

軍事大国米国を頂点に据えた新たな国際秩序の構築が、強引に進められている。一九九〇年代の幕開けとともに始まった米国の武力行使は、国際法のあり方にも深刻な変容を迫ってきた。いま、イラク、北朝鮮（朝鮮民主主義人民共和国）との関係で、私たちはまたしても同じ問いに向き合うことになった。「国際法上、米国の武力行使は許されるのか」――。

だが、多くの人たちが当然に抱くこの問いには、危険な罠が潜んでいる。この問いが繰り返されればされるほど、国際法の軍事的側面に関心が集中し、それ以外の多様な選択肢が脇に押しやられてしまうのだ。そうした落とし穴にはまらないためにも、ここでは、国際法の最も大切な原則である「紛争の平和的解決義務」の存在に改めて注意を喚起しておきたい。

国際法は、武力行使を禁止し、紛争を平和的に解決するよう求めている。米国を含むすべての国は、紛争の平和的解決の可能性を徹底して追求するよう国連憲章などで要請されているのである。武力によって他者を制圧するのではなく、非暴力的な方法で他者と繋がることで平和と安全を確保する。軽視されがちだが、そうしたしなやかな平和思想こそ国際法の根幹を成すものである。

先制攻撃は「侵略」 脅威は安保理で除く

「武力行使は許されるのか」ではなく、「紛争を平和的に解決するには何ができるのか」という問いの答えを求めていかなくてはならない。そうすることによって、米国の武力行使を封じる可能性も押し広げられていく。

イラク問題に関して重要な法的枠組みを提供しているのは、二〇〇二年一一月八日に採択された安保理決議一四四一である。これにもとづき、UNMOVIC（国連監視検証査察委員会）の査察が再開された。同決議は、湾岸戦争終結時に採択された安保理諸決議の「重大な違反」をイラクが続けていることを認めたうえで、軍備撤廃義務を遵守する「最後の機会」を提供することを明らかにしている。査察団への虚偽の報告や非協力は「さらなる重大な違反」にあたり、査察妨害や軍備撤廃義務違反とともに安保理に報告されるものとされた。継続的な義務違反により、イラクが「深刻な結果」に直面することも言明されている。

しかし、この決議は、UNMOVICから報告があった場合に安保理がどのような対応をとるのかを具体的に指示していない。それをいいことに米国政府は、査察への非協力などがあれば、ただちに武力行使に踏み切ってよいという考えを示している。

すでに、九八年一二月以来、米英はイラク内に一方的に設定した飛行禁止区域で度重なる空爆を行なってきたが、決議一四四一を根拠にその範囲をイラク全域に拡大しようという解釈には同意できない。安保理は、同決議により、イラクが重大な違反を重ねていることを認めながらも武力対応を差し控えたのだ。これは、イラクがさらなる重大な違反を犯したとしても、それを自動的に武力行使の引き金にはしないということを意味する。

同決議には「深刻な結果」に言及する箇所もあるが、それも武力行使を容認したものではなく、「警告」にすぎない。むろん、査察続行を認め、紛争の平和的解決を模索する営みがなにより優先されるべきことはいうまでもないが、米国を除く多くの国が認めるように、イラクへの武力行使には、少なくとも、その旨を明示する新たな安保理決議が必要である。

一方、北朝鮮をめぐる事態は、二〇〇三年一月一〇日に核不拡散条約（ＮＰＴ）からの脱退声明が出されたことから新たな局面に入った。北朝鮮は八五年にＮＰＴを締結し、九二年に同条約三条により国際原子力機関（ＩＡＥＡ）の保障措置を受諾している。今回の声明は、その是非はともかく、脱退の権利を明文で定めるＮＰＴ一〇条によるのだろうから、国際法の枠内の行動ではある。ただ同条は、脱退する国は、安保理や他の締約国に三カ月前に通知しなくてはならないと定める。今回そうした通知はなされなかった。北朝鮮政府は、脱退の効力は即時に生じるとの見解だが、三カ月間はその効力は生じないという見方も可能だろう。

北朝鮮政府の反対があっても、ＩＡＥＡ理事会からの付託があれば、北朝鮮の核問題は安保理で審議されることになる。ただその場合も、平和的解決の可能性が誠実に追求されるべきことは当然である。かりに強制措置の必要性が生じたとしても、それは国連憲章上、安保理のみが判断できることであり、米国の一存によって決められるものではない。

安保理の承認下での行動を除くと、武力行使の正当化は自衛権によるしかない。自衛権は自国の安全が武力で脅かされた場合に反撃を限定的に認めるものだが、米国は、いわゆるブッシュ・ドクトリンによって、先制攻撃も辞さない構えをみせている。だが先制攻撃は、「武力攻撃が発生した場合」にはじめて発動できる自衛権の概念と相容れるものではない。米国に対する脅威を先制的に排除する、という名目で武力が行使されるようなら、自衛権の範囲を逸脱し、侵略にあたるといわれてもしかたないものである。

名もなき軍勢たち

二〇〇三年三月一九日、世界各地に広がった反対の声を押し切って、とうとう米英がイラク攻撃を開始してしまった。国際法上の根拠を欠く一方的な武力侵攻であり、侵略といってよい。ブラジルの作家パウロ・コエーリョは、痛烈な皮肉を込めてこう言っている。

「ありがとう。すでに起動してしまっている歯車をなんとか止めようとして街路を練り歩く名もなき軍勢である私たちに、無力感とはどんなものか味わわせてくれて。」

今回、「反戦ではなく非戦」、「デモではなくマーチ／ウォーク」という、従来とは違った新たな運動の息吹を感じさせる人々の集まりの中に何度か身を置き、私自身、とても勇気づけられた。それだけにいっそう、イラク攻撃の始まりには無力感を覚えずにはいられなかった。おそらく多くの人たちが同じような思いを抱いたのではないだろうか。

軍事的勝者がどちらになるのかは、戦う前から明らかであった。ブッシュ米大統領は、大量破壊兵器を持つイラクを予防的、先制的に叩き、独裁に苦しむイラク国民を解放し、そして中東に民主化の波を起こすのだと言った。

しかし、大量破壊兵器はそのほぼすべてが、査察を通じてとっくに廃棄されており、脅威などというものが本当にあるのか疑わしいものであった。「民主化」にしても、米国的な価値を損なわない限りで認められるに過ぎない。ただイラク国民の「解放」に限って言えば、多分実現するのだろう。もっとも、解放されるのはフセインからではない。一〇年以上の間、言語に絶する苦しみをイラク国民に強いてきた、国連の経済制裁からの解放である。フセインが倒され、大量破壊兵器がないということになれば、制裁を続ける必要がなくなるからである。不条理きわまりない制裁であった。制裁はフセインの独裁体制を強化するとともに、百万人以上のイラク市民、とりわけ子どもたちの生命を奪ってきた。この制裁を、国連の手がけた最悪の犯罪＝集団殺害罪（ジェノサイド）という人もいる。私もそう思っている。

イラク攻撃

イラク攻撃に話を戻すと、そこには国際法上の根拠は何もない。ブッシュや日本政府が引き合いに出す安保理決議は、どれも、米英による武力行使を認めるものではない。なにより、査察という非軍事的手段がはっきりと効果をあげていたのだから、軍事的措置を安保理がとることは国連憲章上許されないのである。安保理の枠外で武力行使を正当化できるものがあるとすれば、唯一自衛権だが、先制攻撃や「民主化」は、自衛権の枠を踏み越えるものである。この点は、さすがに日本政府も認めている。

ただ米国は、国際法上の根拠には全くと言っていいほどこだわっていないようである。むしろ、国際法は米国の行動を束縛するものであり、またぎ越すべきものとみなしているようだ。多国間の協調によって成立する国際法秩序を、米国中心の帝国秩序に改編しようとしている。それが、急速に勢いをつけている新保守主義者たちの考えのように見える。私たちは、悔しいかなそれを止めるだけの力をもっていない。イラク攻撃の開始を見せつけられながら、そんな思いが脳裏をよぎった。

しかし、絶望する必要はない。無力感と失望に襲われたとしても、絶望に浸ることはない。イマジネーションと想像／創造力をはたらかせることで、私たちの思いや願いを現実に反映させることができるのである。その手だては、無限に、というと大袈裟であるが、まだ数多く残されている。武力攻撃と、それによって生ずる取り返しのつかない被害に立ち向かう方策を国際法は用意している。平和や人間の尊厳の確保を追求する国際法のルールや仕組みを知り、それを活用し、さらに強化することで、専断的な軍事力行使の可能性を封じ込めることができる。そこに、私たち「名もなき軍勢」の力を結集しようではないか。

国際刑事裁判所

イラク攻撃が始まった日から一週間ほどさかのぼる三月十一日、オランダのハーグで、人類の多年にわたる夢の一つが実現した。常設の国際刑事裁判所が発足したのである。この裁判所の設立条約である国際刑事裁判所規程は、一九九八年七月にローマで開かれた外交会議で採択された。ただこの規程が効力を生ずるには六〇カ国による批准あるいは加入が必要であった。「何年かかるかわからない」などと悲観的なことを言う人も少なくなかったが、各国の批准は予想以上に早く進み、二〇〇二年七月、ついに規程が発効した。そしてその後、一八人の裁判官を選出したり、裁判所を支える様々な制度を整えるのに時間を要し、やっと発足の日を迎えるに至ったというわけである。

「何世紀にもわたり、とりわけ前世紀、言語に絶する犯罪が人類の良心に衝撃を与えました。その犯罪の被害者は、何百人どころか何万人、いや何千万人に及びます。」

オランダの議事堂で催された裁判所発足の式典において、国連事務総長コフィ・アナンは、そう述べるとともに、国際刑事裁判所の存在意義を、期待を込めて次のように表現した。「言語に絶する犯罪を実行しようとする者、あるいはそうした犯罪の実行を強いられている者は、いつかその責任を個人としてとるよう求められることを知り、犯罪の実行を思いとどまるに違いありません。」

国際刑事裁判所は、国際社会における最も重大な犯罪を犯した者を裁くところである。各国の裁判所がきちんと裁いてくれるならそれでよいのだが、そうならないとき、国際刑事裁判所の出番がやってくる。ここで裁かれる犯罪は、集団殺害罪、人道に対する罪、そして戦争犯罪である。いずれは、侵略に対する罪もその仲間入りを約束されている。不必要な苦痛を与える大量破壊兵器の使用や文民、民用物、病院などに対する故意の無差別攻撃などは、戦争犯罪として処罰の対象になる。大規模な殺戮行為が行われるなら、集団殺害罪あるいは人道に対する罪の責任を問われるかもしれない。そうした「裁き」の可能性が、軍事力行使の歯止めになっていくのである。

ただ最強の軍事大国・米国は、この裁判所に露骨なまでの敵意を見せている。もっとも、裁判所規程に入っていないからといって、米国は安閑としていられるわけではない。軍事力の行使が、裁判所規程に入っている国の領域内で行われた場合には、裁判所の管轄権が及んでくる。米国の軍事力が、裁判所規程に入っている国の中で行使される場合には、そのさなかに行われた犯罪行為に対して裁判所の管轄権が発生する。だからこそ米国は、わざわざ特別の協定を多くの国と結び、国際刑事裁判所に米国の市民を移送しないように圧力をかけているわけである。こうした協定は国際刑事裁判所の理念を損なうものとして深刻な懸念をよんでいるが、ただはっきり言えるのは、国際刑事裁判所規程を受け入れる国が増えれば増えるほど、米国やその同盟国によるやみくもな武力行使が困難になるということである。「国際刑事裁判所による軍事力行使の囲い込み」と言っていいものである。

ほとんど注目されていないが、米国とともにイラク攻撃に参加している英国は国際刑事裁判所規程の締約国である。英国民によって行われた攻撃や戦闘行為が戦争犯罪にあたる場合には、国際刑事裁判所での裁きに付される可能性がある。そのことをもっと声を大にして言おうではないか。米国はどうだろうか。米国民が国際刑事裁判所の管轄に服するには、攻撃対象国であるイラクが裁判所規程に入っているだけでいいのだが、残念ながらイラクは規程を受諾してはいない。規程に入ることで、真っ先に自分たちが裁かれるかもしれないことをフセインらが恐れていたからなのかもしれない。いずれにせよ、米国もイラクも規程を受諾していないということになると、米国民については国際刑事裁判所での裁きの可能性は、全くないということになってしまうのか。

ここで思考を停止するわけにはいかない。もう少しイマジネーションと想像/創造力をはたらかせてみよう。インド洋上のディエゴ・ガルシア島に米軍の基地がある。ここは、国際法上、英国の領域（植民地）である。そこから飛び立って行った米国の戦闘機や爆撃機などが、イラクで戦争犯罪に関わった場合にはどうなるのだろうか。規程の締約国たる英国の領域内で犯罪への着手が行われた、つまり犯罪の一部が行われたということにならないだろうか。そう言えるなら、米国民といえども、国際刑事裁判所の網から免れられないことになる。このことも、多くの人に知ってもらっていい。私はなにも奇抜なことを言っているのではない。現行法を解釈すると、そうなるのだと述べているに過ぎないのである。

人権条約監視メカニズム

もうひとつ、米英や日本の軍事行動をしばる可能性をもったシステムがある。国際人権保障システムである。米国も英国も日本も、そしてイラクも、自由権規約、社会権規約、子どもの権利条約、拷問禁止条約など人権諸条約のどれかに入っている。これらの条約は、締約国に人権をきちんと保障するよう求めている。ただ、この約束を守らせるための監視メカニズムはとても脆弱なままにおかれてきた。そのためもあって、世界各地の劣悪な人権状況が放置されてきたに等しく、それが「人権・民主化」をかざす侵略の呼び水になってきたところがある。条約をきちんと守らせるのに必要な措置がとられ、現実に人権状況が改善されれば、「民主化」を口実とするような侵略はできなくなるはずである。

また、これらの条約は、締約国に対して、国外で人権侵害をしないよう求めてもいる。軍隊を動員して国外で人権を侵害してもいけないのである。米英日とも、その権力を行使してイラク市民の人権を侵害することがあれば、条約違反の責任をとらなくてはならない。そのことをもっと多くの人が知るべきである。多くの人が人権条約の可能性を知り、その遵守を呼びかければ、条約を守らせる力が生まれるのである。

人権条約の監視メカニズムのなかで最も効果的なのは、個人通報手続、つまり国際的な人権救済申立手続である。被害者——国籍はいっさい問わない——が人権侵害国を相手どって、人権条約機関に直接に条約違反を訴え出て、謝罪や損害賠償などを求めることができるようになっている。ただ市民がこの手続を利用するには、国家がこの手続を受諾していなくてはならない。そのため、この手続を受諾していない米国や日本を相手取った通報の道は、現在までのところ閉ざされたままである。

しかし個人通報手続は、本来、人間一人ひとりのものであって国家のためのものではない。だからこそ、政府にその受諾を強く求めていくべきである。個人通報手続が使えるようになれば、たとえば、日本の軍隊が外国で人権侵害をおかすようなことがあった場合、被害者が、一定の条件のもと、直接に日本国を国際的に訴えることができる。それが、軍事力行使の歯止めになっていく。

「国際刑事裁判所の網」とともに、「個人通報手続の網」を世界的規模でかける。そうして戦争を囲い込んでしまう。力の論理が剥き出しになってきた現在のような時代状況だからこそ、非暴力の国際刑事／人権保障システムの可能性を信じたいものである。

むろん、ただ信じるだけではダメで、その強化をはかっていかなくてはならない。それが、この国の誇るべき平和憲法の理念に最もかなっているのだと思う。

3　不正義への怒り

1　民衆法廷とは何か

定義　民衆法廷（people's tribunal）とは、国家機関または国際機関として構成される法廷とは異なり、市民社会の発意の下に構成される法廷のことをいう。ベトナム戦争に際して組織されたラッセル法廷がその嚆矢をなす。その後も、超大国による武力行使や核兵器の脅威、あるいは女性に対する暴力などに取り組む民衆法廷が世界各地で断続的に組織されてきた。これらの法廷は、いずれも、国際社会の基本的なルールが蹂躙されたままになっている事態を是正するために構想されたものである。二〇〇〇年一二月に東京で開廷された女性国際戦犯法廷も、こうした民衆法廷の一つである。

思想的・法的基礎

国家機関または国際機関として構成される法廷がそうであるように、民衆法廷もまた、その管轄権の淵源は主権者たる市民の意思に見出される。国家や国際機構に託された意思が著しく踏みにじられたとき、市民／民衆は直接に行動を起こすことができる。これは、市民のもつ権利であると同時に、社会を支える市民に課せられた責務でもある。民衆法廷はこうした思想にもとづいて組織される。この法廷は、現実の政治あるいは社会過程に直接にはたらきかけるものであり、教育・訓練のために実施される模擬法廷とは根本的に性質を異にしている。模擬法廷という語には、「それ自体は本物ではない」という含意があるが、民衆法廷は「それ自体が本物」である。

適用法規

法廷で適用される規則は、多くの場合、現実に作用している国際法である。とくに、人間の尊厳を守る国際人権法、武力紛争を抑制する国際人道法、重大な犯罪の撲滅と被害者の尊厳回復を目指す国際刑事法といった、国際法を構成する諸法が適用法規とされることが多い。女性国際戦犯法廷もその例にもれず、法廷憲章に明示されているように、国際人道法および国際刑事法の定める基本的規則が適用法規として指示されている。

構成・権威

民衆法廷の構成の仕方は多様だが、女性国際戦犯法廷は、刑事裁判の要素を柱としながら民事裁判の要素を加味させて構成されている。民衆法廷には、判決を執行させる（物理的）強制力が伴っていないため、判決の権威は、その「質」にかかっているといってよい。このため、女性国際戦犯法廷は、判事団に国際裁判に熟達した実務家と国際法の権威を招き、また、検事団にも同様の資格をもつ専門家を主席に据えたほか、証拠収集作業にも細心の注意が払われた。長大な判決文は、ニュルンベルク裁判、東京裁判、旧ユーゴスラビア・ルワンダ国際刑事法廷等の先例を踏まえ、国際人道法規の精確な解釈を展開するものとなっており、それ自体が国際法の先例となっていくにふさわしい「質」を備えているといってよい。

なお民衆法廷が強制力を欠いていることをもってただちにその裁判としての性格を否定する向きもあるが、これは裁判についての正しい認識とはいえない。判決の執行に必ずしも強制力が必要ないことは、国連の主要機関のひとつ国際司法裁判所の例をみれば明らかである。この裁判所にも判決を執行させる強制力は備わっていないが、それでもそこでの営みが裁判であることには変わりない。

民衆法廷の場合には、判決の「質」によってその権威・説得力を確保するとともに、国内外で展開される市民の働きかけを通じて、判決執行への道を切り開いていく。「市民化／民衆化」が急速に進む国際法過程を象徴する法事象である。

2 イラク国際戦犯民衆法廷

そうした民衆法廷の一つとして、イラク国際戦犯民衆法廷が、一九九二年二月二九日以降にイラク領域内において国際人道法の重大な違反を犯した個人を裁くために組織された。二〇〇四年から二〇〇五年にかけて京都と東京で断続的に審理を重ねた同法廷は、二〇〇五年三月五日に米英日の政治指導者に有罪を宣告し、被害者救済のため必要な措置をとるよう勧告する判決を下して幕を閉じた。私は同法廷の判事団長を務めたが、以下にあるのは、同法廷の判決に付した私の個別意見である。

侵略の爪あと

本法廷に提出された多くの書証および証言が雄弁に照らし出したように、二〇〇三年三月に始まったイラク侵略によりおびただしい数の人間の生命が奪われることになってしまった。身体や精神に深刻な損傷を受けた者、生活の基盤を壊滅的に破壊された者など、国際法に幾重にも違反する力の行使がもたらした爪あとはすさまじいばかりである。本法廷では、侵略の露払い役を担った国連主導の経済制裁が、イラクの人々にすでにして甚大な被害を及ぼしていたことも実証された。公衆衛生を専門とするロンドン大学のイワン・ロバーツ教授の推計によれば、経済制裁が奪った命の数は二〇〇万に及ぶという。

これに、国連の授権を受けた多国籍軍が圧倒的な力を行使した湾岸戦争による直接・間接の被害を加えるなら、いったいどれだけの人間がイラクにおいて限りある命や自由の光をかき消されてしまったのか、想像を絶するほどである。

　にもかかわらず、二〇〇五年二月三日に被告人ジョージ・W・ブッシュが米議会において行った一般教書演説は「自由な主権国家イラク」の誕生をひたすら祝賀する記念演説と化していた。イラクで引き起こされた未曾有の蛮行は、早くも過去の時間のなかに押し込められ、封印されてしまったかのようである。私たちは、こうした風景をいったい何度、見せつけられてきたことだろう。民衆法廷の先駆けともなったラッセル法廷が裁いたベトナム戦争ただなかの一九六七年九月三日、米国の支配下にあった南ベトナムで大統領選挙が行われた。ニューヨークタイムズ紙は、ベトコンによる脅迫にもかかわらずその選挙での投票率が八三%を記録したことから、これにより南ベトナム政府の正統性が是認されたという米政府の見方をその翌日に伝えている。この選挙の「成功」は、ジョンソン政権の武力による関与がもたらしたものに相違ないとされていた。しかし歴史の物語を引き続き見ることができた私たちは、米政府の力による政策が実はまったくの虚構であったことを知っている。南ベトナムで高投票率を記録したとされる大統領選挙それじたいがいかに民主主義の理念から逸脱したものであったのかを知ることにもなった。あのときとまったく同じ物語の風景が、舞台をイラクに移していままた再現されているのかもしれない。

それにしても、失われてしまった、イラクの人たちの命・自由・生活の足跡は、急ぎ足で進められる復興事業の前に力なく押し流されてしまうかのようである。少なくとも、先進工業国が描き出すイラクの現在の風景に、破砕された無数の人間を振り返るスペースは用意されていない。なぜ、傷つき命絶えた人間たちの姿は見えなくなってしまうのか。なぜいつも、抽象的な「復興」や「未来」という言葉によって、具体的な人間の「被害」や「過去」はかき消されてしまうのか。ベトナム戦争の時がそうだったように、そしてアフガニスタン侵略の時もそうだったように、今回もまた、被害者を不可視化する二つの強力な政治力学が作用していることを知っておかなくてはならない。

国際法のイデオロギー

ひとつは、国際法の最大のイデオロギーともいうべき国家中心主義である。国家という制度を通じてすべての事象を描き出すこの認識枠組みのなかで、人間の生活はまったく見えなくなってしまう。より精確にいえば、国家の政治・経済過程にかかわる支配エリート以外の人間は法の外にまるごと放り出され、その存在は法的に無に帰してしまうのである。ちなみに国家中心主義は、戦争が国家以外の存在によっても担われているという事実を覆い隠す効能もつ。イラク侵略の重要な一側面をなしてきたのは「戦争の民営化」、つまり被告人たちの武力行使は戦争をビジネスとする企業兵士によっても担われてきているのだが、頑強な国家中心主義の思考枠組みによってその事実はきわめて見えにくくされてしまっている。
もうひとつは、欧米中心主義である。欧米的なるものを中心に据えたこのイデオロギーのもたらす最大の病弊は人種差別である。欧米的なるものを進歩とみなし、非欧米的なるものを劣悪とみなすこの認識枠組みがあればこそ、ベトナムでもアフガニスタンでもイラクでも、あれほどまでの蛮行が可能になったのである。湾岸戦争、経済制裁、そして侵略・占領と引き続く一連の犯罪遂行過程のなかでかき消されてしまった人間たちの命・自由は、それを命じ実行した人びとの命・自由と同じ価値をもつものとは考えられていなかった。本法廷で立証されたファルージャ虐殺もアブグレイブ収容所での虐待も、イラクの人々を劣等な存在とみなし、あるいは「非人間化」しなくては起こりえなかったことである。デイジーカッター、クラスター爆弾、劣化ウラン弾といった大量破壊兵器が遥か上空から地上めがけて投下されたとき、その先に待ち受けているだろうと想像された存在は、人間として同じ価値をもつ存在などではなかった。

市民・民衆の法へ

こうしたあまりにも非人間的で人種差別的な認識が、本法廷で裁かれたすべての犯罪を貫いていたことを確認しておかなくてはならない。しかしもう一つあわせて確認しておくべきは、こうした差別的な認識によって支えられる時代があったにしても、国際法がいまではその規範的な姿を大きく変容させているということである。幾分かの楽観主義を交えノーム・チョムスキーが繰り返し説くように、人間社会は、とりわけ民衆の声を媒介にしながら確実にその姿を変えてきている。帝国主義によってその全貌を覆われていた時を経て、国際法もまた、民衆による果敢な働きかけを媒介に、暴力的な規範体系からの脱却を推し進めてきた。特に第二次世界大戦を経て、戦争は全面的に違法化され、さらに人間の尊厳の保護に向け、国際人権法や国際人道法、国際刑事法の形成がもたらされている。植民地支配も違法化され、人種差別や、女性差別を含むあらゆる差別も国際法上許容される余地はなくなった。国際法は、国家／支配エリート、欧米を中心とする暴力的な法から、市民／民衆を中心とした平和的な法へと、二〇世紀後半に大きく規範的に舵をきったのである。

むろん、現実の力関係のなかで、こうした国際法の理念は実現されないことがあまりにも多いことは事実である。侵略のさなか、イラク国営企業の完全民営化という法的にはありうべからざる事態がまたたくまに進行してしまった情景を前に、その感をいっそう強くする向きも少なくあるまい。しかし、このようなときにこそ、市民／民衆が声を上げなければならない。国際社会のルールである国際法は、国家／支配エリートだけのものではなく、また、国家／支配エリートだけが作り、解釈するものでもない。国家／支配エリートが国際法を実現すべき本来の責務を怠り、それどころか、国際法に公然と違反する営みを積み重ねているとき、市民／民衆の果たすべき役割はいっそう大きくなる。市民／民衆が沈黙するとき、国際法は再び一九世紀に逆行するかもしれない。むき出しの力と差別に覆われた国際法の姿が再び公然と生起することになるかもしれない。そうした国際法の改編・逆行を阻止し、市民／民衆を中心とした平和的な法としての位相をさらに拡充していくうえで、本法廷の存在はことのほか重要であると考える。

本法廷は、米英や日本が推し進めたイラク侵攻・占領が、たとえ形式的に国連安保理の容認を受けたように見えたとしても、本質的に侵略であり続け、また国際社会における最も重大な犯罪の数々にまみれたものであったこと、そしてなにより、そうした犯罪についていったい誰が責任を負うべきなのかを歴史に深く刻み込む意義をもっている。それはまた、失われた無数の命・自由を弔うささやかな法的営みでもある。裁くこと、真相を究明すること、そして救済すること。本法廷は、こうした行動を求めることにより、消え去っていった人間たちを眼差し、そして劣化ウラン弾などにより今なお苦しむ無数の被害者たちへの揺るぎなき連帯を表明する場でもある。

多様な選択肢のありか

二〇〇三年三月一七日、被告人ブッシュは、全世界に向け「脅威は明白だ」と宣言した。抑圧されたイラク人民を解放する使命を担っているとも宣言した。そのいずれもが偽りであったことが本法廷の審理で明らかにされた。脅威を除去し、人びとを自由にするといって起こされた行動それ自体が最大の脅威と不自由を生み出すものであったことが明らかにされた。しかし本法廷が浮き彫りにしたのはそうした虚言の実相だけではない。見落としてならないことは、被告人たちの依拠する安全保障観がいかに狭隘なものであったのかが浮き彫りにされたことである。脅威があおられ、イラク人民解放の必要性が強調されるなかで、被告人たちが戦争を開始する遥か前から一貫して私たちに迫っていたのは、「行動するのかしないのか」という二者択一の判断であった。そして「行動しない」という判断が安全保障にとって致命的な損失をもたらすことから、「行動する」という選択肢しか実質的には残されていないことが説かれた。被告人たちにとって、「行動する」とは、武力を行使することにほかならなかったことはいうまでもない。

本法廷は、被告人たちが侵略の罪を犯したことを認定した。この認定は、安全保障にかかる選択肢を武力行使の如何に限定してしまうあまりにも狭隘な法認識を批判する判断でもある。「行動するのかしないのか」という問いかけは、「行動する」という選択肢と「行動しない」という選択肢の間に、実は無数の選択肢が伏在している事実を覆い隠してしまうものである。また、「行動する」とした場合にも、そこには武力行使以外の行動が含まれうるのだということへの想像力を封じてしまうものでもある。仮に脅威があったとしても、仮に人々を解放する必要性があったとしても、選択肢は二つに一つなわけではない。

武力を行使してはならない。紛争は平和的に解決すること。この現代国際法上の大原則が求めているのは、武力を行使しないで済む環境を創り上げる絶え間なき実践の蓄積である。武力を行使するのかしないのかという単純化された枠組みに思考を封じ込めることは、平和志向の新たな国際法の潮流に根本的に違背する。そしてこうした新たな国際法の潮流こそ、日本国憲法の掲げる平和主義の理念そのものであることをここに改めて確認しておかなくてはならない。本法廷では、検事団や何人もの証人が、日本国憲法九条の要請を引き受け、平和を実現する多彩な方法のありかを見事に描き出してくれた。そのいずれもが、国際法における紛争の平和的解決義務の実質をなすものである。安全保障にかかる国際法を語るとき、私たちは、二者択一のレトリックにはまるのではなく、本法廷で開陳された豊かな平和実践の可能性を全面に押し出していくべきだろう。

誰にとっての安全か

本法廷では、さらに、イラク占領下におけるイラク国民の生活の実態、とりわけ女性に対する暴力の実態も明らかにされた。女性たちにとって、米英日のイラク侵略は自らの安全を脅かす直接の要因ともなった。被告人ブッシュらが称える選挙を経て到来した新生イラクのなかで、女性たちの安全・地位はサダム・フセイン支配下の時よりもはるかに劣化したとの報告も刊行されている。被告人たちが作り出そうとしているイラクの新たな秩序は、そこで生を営む女性たちにとって、不安全・不安定の源といってよい状況になりつつある。それは、湾岸戦争の後に安全を回復したとされるクウェートにおいて女性たちの安全がいっそう悪化した事態と瓜二つでもある。戦闘や占領が終了すれば平和・安全が回復されるという物言いは、国家中心主義に呪縛された思考以外のなにものでもない。国境が安定しても、政府が樹立されても、そこに住む人間たちが安全でないのなら、それはいったい誰にとっての安全なのか。新たな秩序が力によって押し付けられる場合には、これに対峙する新たな暴力の音色が高まることは必定である。

市民/民衆を中心に据えた平和志向の国際法は、国家やその周辺にまつろう政治・経済エリートの眼差しをもって安全というのではなく、女性や子ども、先住民族、外国人を初めとする、社会的に弱い立場におかれた者の安定なくして安全保障はありえないという考え方に立脚する。国際法における安全保障とは、いまや、国境や政府の安定ではなく、一人一人の人間が暴力や差別から解放され、経済的・社会的正義が実現される状態、と定義され得る。このような意味での安全保障を実現するには武力の行使は効果的でないだけでなく、むしろ不適切な手段となる。貧困を撲滅するのに武力はまったく役に立たない。こうした安全保障観もまた、日本国憲法九条を支える理念とそのまま重なり合うものである。二〇世紀後半に顕現した市民/民衆を中心に据えた国際法は、この意味で、日本国憲法九条の国際化にも等しく、また紛れもなく憲法九条に国際的正統性を付与する営みともなっている。

市民の責務　本法廷は、裁かれるべきあまりにも重大な犯罪が裁かれないまま放置される事態を容認できない市民／民衆の発意によって組織されたものである。しかし、個々の行為の法的評価にとどまることなく、犯罪遂行にいたる政治経済的背景を詳らかにし、また、証言や書証を通じ広範な被害の実態を照らし出し、さらに平和を追求する市民の行動がいかに国際法の解釈の幅を広げうるのかを示してみせる場ともなった。本法廷では、「戦争の民営化」について十分な事実および法的審理がなされえなかったことなど、積み残された課題も少なくない。こうした課題も含め、今後は、世界各地で展開される民衆法廷とも連なり合いながら、本法廷の判断・勧告をベースに、さらなる営みを続けていかなくてはならない。

強制力をもたぬ民衆法廷の判決を実現することは容易ならざることである。しかし社会に対する働きかけのために英知を絞ることは、侵略の決断や虐待の実行よりも遥かに豊かな人間の営みであり、なによりそれは、本法廷の判決をまっさきに捧げるべきイラクの人々への最良の連帯の証となろう。本法廷の判決には、沸きあがらんばかりの「不正義への怒り」が込められている。本法廷の営みをさらなる行動につなげていくことは、人間の安全を眼差す現代国際法および日本国憲法の平和主義を支える私たち市民の担う最も重大な責務のひとつであることを忘れてはなるまい。

4 集団的自衛権とは？

個別的自衛権と集団的自衛権

国際法は、武力の行使や武力による威嚇を禁止している。これは、平和の実現を目指す現代国際法の最も大切な原則の一つである。紛争は、武力ではなく、平和的な手段で解決しなくてはならない。

国連体制下にあって武力を用いることが許される例外は二つの場合だけである。一つは安全保障理事会の統制の下に軍事的強制措置（集団安全保障措置）が発動される場合、もう一つは、個々の国家が自衛権を行使する場合である。国連憲章五一条は、武力攻撃が発生した場合に、安保理が平和を回復するため必要な措置をとるまでの間、加盟国に「個別的又は集団的自衛の固有の権利」を行使することを認めている。この規定からわかるように、国家には、個別的自衛権と集団的自衛権という二種類の自衛権が認められているのである。

自衛権は武力行使禁止原則の例外だから、その行使には厳しい制約が課せられている。武力攻撃を受けていない段階で予防的に攻撃をすることは許されず、また、武力攻撃が終了した後に報復として攻撃をすることも許されない。自衛権は、緊急やむを得ない場合に、武力攻撃を排除するのに必要な限度で許されるにすぎない。この点は、個別的自衛権であろうと集団的自衛権であろうと変わらない。

集団的自衛権は、個別的自衛権と違って、国連憲章を通じて初めて国際法の世界に登場したものである。比較的新しい権利であることから、その本質をどのように理解するかについては見解が分かれていた。最も一般的なのは、自国と連帯関係にある国が攻撃を受けた場合に、それを自国に対する攻撃とみなして反撃を加える権利、という見解である。

集団的自衛権を国連憲章に導入するきっかけを作ったのは米州諸国であった。米州諸国は地域的な相互援助条約を締結し、侵略国が出てきた場合に共同で対処する構想をもっていたのだが、国連憲章の草案によると、そのような場合には安保理の許可が必要とされていた。ところが、安保理の表決に拒否権が導入されることになったため、常任理事国が一か国でも反対すれば共同行動がとれないことになってしまった。そこで安保理の許可を得なくても共同行動をとれるようにするために、集団的自衛権という権利が編み出され、国連憲章に挿入されることになったのである。

このようにして創出された集団的自衛権は、その後、国連にとって「鬼子」のような存在になってしまった。国連憲章は、侵略国が出てきた場合に、すべての加盟国が協力してこれに対処する集団安全保障方式を採用している。しかし集団的自衛権が認められたことにより、相互援助条約には、敵国からの攻撃を想定した軍事同盟条約としての性格が備えられることになってしまったのである。軍事同盟は、敵国を想定しない集団安全保障方式とは根本的に相容れないものである。こうして長く続いた冷戦期、東西両陣営は、集団的自衛権に基づく北大西洋条約とワルシャワ条約により軍事ブロックとしての対立を強め、国連の集団安全保障体制を根底から侵食していくことになった。

「武力なき自衛権」から「武力による自衛権」へ

国際法は各国に自衛権を認めているが、しかし、この権利を具体的にどのように処するのかは個々の国家が決めるべき事柄である。日本の場合は、憲法九条により、一切の軍備と交戦権を否認していることから、当初、制憲議会における政府の立場は、自衛権を放棄している、というものであった。しかし憲法制定後、冷戦状況が深まると、「武力なき自衛権」論が台頭し、さらに一九五二年の吉田内閣統一見解では、「武力による自衛権」という立場への転換がはかられた。そして五四年の鳩山内閣統一見解により、「自国に対して武力攻撃が加えられた場合に国土を防衛する手段として武力を行使することは、憲法に反しない」という考えが示され今日に至っている。憲法九条の下で認められる自衛権の行使は、具体的には、日本に対する急迫不正の侵害があり、これを排除するのに他の適当な手段がなく、必要最小限度の実力行使にとどまる、という三つの要件に該当する場合に限って認められるものとされている。

この考えによれば、憲法が容認する自衛権は個別的自衛権に限定される。現に一九七二年、当時の内閣法制局長官は国会において次のように答弁している。「集団的自衛権というのは……他国に対する攻撃があった場合に、その他国がわが国とかりに連帯関係にあったからといって、わが国自身が侵害を受けたのでないにもかかわらず、わが国が武力をもってこれに参加するということは、これはよもや憲法第九条が許しているとは思えない」。このように、憲法の許容しているのは日本が直接に攻撃を受けた場合の自衛措置に限られ、他国の紛争に参加することは許されない、というのが政府の一貫した立場なのである。

軍事同盟構築の意味

集団的自衛権が憲法により禁じられていることから、日米安保条約も変則的な規定ぶりになっている。というのも、この条約上、共同防衛は「日本国の施政の下にある領域における、いずれか一方に対する武力攻撃」が発生した場合に限られる、とされているからである。米国本土が攻撃を受けても共同防衛の義務は生じない。日本の領域内にある米軍が攻撃を受けた場合における共同防衛は、個別自衛権の行使として説明されてきた。一九六〇年に藤山愛一郎外相は国会でこういっている。「アメリカは集団的自衛権を持っているが、日本は持っていない。したがって日本は個別的自衛権を発動し、アメリカは個別的自衛権および集団的自衛権を発動する。それを共同して行うことが約束されているのである」。

しかし、日本の領域内にある米軍施設への攻撃は必ずしも日本に対する攻撃になるわけではない。日本にとっては単なる領域侵犯にすぎないこともありえる。このような場合における武力の行使は、厳密にいえば、集団的自衛権でしか説明がつかないだろう。

一九九六年の「日米防衛協力のための指針」は、日本の周辺地域で米軍が軍事行動に従事する際に自衛隊が補給・輸送など後方支援活動を行うことを求めるものであった。この指針を実現するため、周辺事態法（一九九九年）や武力攻撃事態法（二〇〇三年）などが次々に制定されたが、こうして広がる自衛隊の活動も、集団的自衛権との抵触可能性を濃厚にもつ。

米軍支援と集団的自衛権

日本にある米軍の基地は、日米安保条約六条により、「極東における国際の平和及び安全の維持に寄与するために」認められているが、米軍の活動は極東に限定されることなく世界的規模で展開している。そして日本は、こうした活動への支援をますます強く求められるようになっている。二〇〇一年のテロ対策特措法、二〇〇三年のイラク復興支援特措法は、それぞれ九・一一事件と米英のイラク占領を受けて制定された。これにより自衛隊が海外に派兵されていくことになったわけだが、いずれの場合も日本への武力攻撃の脅威はなく、米軍への協力・支援という色彩がとても強く出ていた。

イラク特措法に基づいてイラクに送られた自衛隊は、安保理決議一五四六（二〇〇四年六月八日）に根拠をおく多国籍軍の一員としてそのままイラクにとどまることになった。「イラクの安全と安定のために必要なあらゆる必要な措置」、つまり武力行使をも予定する多国籍軍の統一指揮下に入ったわけである。政府統一見解によれば、自衛隊は日本独自の指揮の下、人道復興支援活動等に従事するにすぎないとのことだが、自衛隊の多国籍軍参加は、集団的自衛権との関わりもあり、これまでは許されてこなかったものである。法的にも疑念を残す重大な政策転換であったにもかかわらず、政府の決定は国会審議もないままに下された。

集団的自衛権は憲法によって禁じられているといわれながら、実際には個別的自衛権だけでは説明のつかない事態がますます増えていることがわかる。こうしたなかで、いっそのこと集団的自衛権を明文で憲法に規定してはどうかという主張が勢いを増している。米国の現政権もそれを望んでいるようである。しかし、集団的自衛権は軍事同盟の構築を促すという現実の機能があり、したがって、国連の掲げる集団安全保障の理念にとってけっして好ましいものではない。なにより、日本が集団的自衛権を通じて強化する軍事同盟は、誰の平和にどう貢献するものなのか。そのことを、もう一度よく考えてみてもよいだろう。

5 帝国と、まっとうさを求める人間たちの声

1 軍事優先社会への道

有事法制

あれほど大騒ぎしていた白装束集団がパタッとマスコミの話題から姿を消したと思ったら、有事法制が成立していた。武力攻撃事態対処法、改正自衛隊法、改正安保会議設置法。朝鮮民主主義人民共和国(北朝鮮)の脅威があおられるなか、これらの法案は、衆参両院で、全会一致かと見紛うほど圧倒的な支持を得て可決された。

有事とは端的にいって戦時のこと。もっとも、日本と戦時とのかかわりは、今回の法整備をまって始めて現実化されるわけではない。周知のように、日本政府は域外戦闘行為への参戦事実を着実に積み重ねてきた。二〇〇一年一一月、米軍の後方支援のためインド洋・アラビア海に自衛隊を戦後初めて「派兵」し、翌年一二月には世界最高水準の性能を誇るイージス艦「きりしま」を、さらに二〇〇三年四月には同じくイージス艦「こんごう」を同海域に

送りこんだ。それだけではない。河辺一郎「世界の不安定要因としての日本―イラク爆撃をめぐって」（現代思想二〇〇三年六月号）は、米国によるイラク攻撃への支持基盤を拡大しようと、日本政府が積極的に安保理非常任理事国に働きかけを行っていた事実を明らかにしている。「日本の標的となったのは、理事国の中で中間派と称されていたギニア、チリ、カメルーン、アンゴラ、メキシコ及びパキスタンの六ヶ国で、首相の会談や特使の派遣が相次いだ。この中でも特に日本が力を入れたのが、チリとアンゴラだった。チリに対しては首相と外相がともに会談し、アンゴラには外相が電話会談を行ったことに加え、特使が二回にわたって派遣されたのである」。

平和主義原理への違背

「最後はその場の雰囲気で決める」という首相のコメントや「真剣に考え、悩んでいる」という外相の心情とは裏腹に、日本外交の実態は、米国中心の軍事的解決を一貫して支援するものにほかならなかった。そうした情景を見るにつけ想い出すのは日本国憲法第九九条の規定である。「天皇又は摂政及び国務大臣、国会議員、裁判官その他の公務員は、この憲法を尊重し擁護する義務を負ふ」。首相や外相はもとより、国会議員も外務官僚も、公的資格で行動する限りにおいて、憲法を擁護する特別の義務を負っている。そのことがすっかり忘れ去られているのではないか。この点を指摘するのが千葉眞「破られた契約―憲法平和主義の危機とその復権に向けて」（世界二〇〇三年六月号）である。

「今次の日本政府の外交姿勢の最大の問題点の一つは、それが戦後日本の国是であり続けてきた平和主義の原理への違背行為であり、明らかな憲法違反である点にある。この点は、一種の諦念が支配したせいか、メディアやジャーナリズムや学術書においても無視される傾向にあり、それゆえに強調しておきたい。アフガン戦争に際しての自衛隊の海外派兵以来、日本政府の一連の行為は、国際紛争の武力的解決を原理的に拒否した憲法第九条一項(とくに『武力による威嚇又は武力の行使は、国際紛争を解決する手段としては、永久にこれを放棄する』という規定)への明らかな違背行為である。戦後日本の憲法平和主義は今や死滅の危機に見舞われており、まさに瀕死の瀬戸際にある」。有事法制の大政翼賛的成立は、瀕死の状態にある平和憲法に止めをさすことになるのだろうか。

こうした懸念に対し、今回の法整備はいざというときの「備え」に過ぎないのであって、なにも日本がただちに戦争にかかわっていくことを意味するわけではない、と解説する向きがある。その説明じたいに異議を唱えるつもりはないが、ただはっきりさせておかねばならないのは、有事法制の成立とその拡充が、日本社会の物の見方あるいは発想方法を間違いなく「軍事化」するだろうということである。高橋哲哉は次のようにいう。「『有事法制』の問題点は、これは戦争をするときのための法律ですから当然、戦争になったときが最大の問題なのですけれども、しかしそれ以前に、つまり戦争の怖さ、『武力攻撃事態』の怖さ以前に、武力攻撃がまだ発生していない段階、つまりまだ『平時』にあるといっていい段階から自衛隊、すなわち『軍』と市民社会との関係が根本的に変化していく、そして民主主義社会の前提が掘り崩されて、一言でいえば『軍事優先社会』がもたらされかねないというところにあるだろうと私は考えます」（『「心」と戦争』（晶文社、二〇〇三年））。

高橋は、「軍事優先社会」を先取り的に暗示する一つの興味深いエピソードを紹介している。二〇〇二年一一月に大分県の演習場で、陸上自衛隊と米海兵隊による共同訓練が実戦に近いかたちで実施された。その際、共同訓練に反対する住民団体・労働団体が抗議集会を開いたのだが、そこに陸上自衛隊西部方面隊の総監がやってきて集会の中止を要求したという。「訓練は我が国への侵攻やテロに対するもので、北朝鮮への抑止力になる。反対集会が報道されると、訓練内容が相手に知られるではないか」。制服組幹部による、自覚なき公然たる市民的自由への圧力。高橋はいう。「有事法制下では、まさにこんな具合にして、集会の自由や結社の自由や表現の自由が、『軍事優先社会』の犠牲になっていくのではないかと考えられるのです」。私も高橋の懸念を共有するが、さらに恐れるのは、この一件が全国的なニュースとしてきちんと報道されなかったことである。軍の論理下における自由の抑圧は、すでにしてニュースにならない、いや、ニュースにしてはならぬものになっているのかもしれない。

男らしさの遂行・女性たちの行方

それにしても、軍事優先社会の構築が進むなかにあって、女性たちはどこにいるのだろう。シンシア・エンローは「軍事化とジェンダー──女性の分断を超えて──」（思想二〇〇三年三月号）において、ヴァージニア・ウルフが一九三八年に公刊した反戦エッセイ『三ギニー』に論及しながら、「軍事化というのは、何かが徐々に、制度としての軍隊や軍事主義的基準にコントロールされたり、依存したり、そこからその価値を引き出したりするようになっていくプロセス」であり、そこでは「男らしさ」が特権化され、それゆえ一部の男性と大半の女性が周縁化されることを明らかにしている。「戦争の原因を論じている大方の陳腐なコメンテーターたちは、女らしさと女性を瑣末な問題として扱っている。おそらく、戦争というメインイベントは男らしさの遂行であり、エリート男性によってなされる公的な選択なのである。こうした観察者たちは、分析範囲を狭めることで、政府と政治運動双方のリーダーによってなされる策略の質やその重みを過小評価していることになる。つまり、軍事化プロセスをスムーズに進め得るような場所へと女性たちを巧みに操っていく決定をたいていは無視することによって、こうした陳腐な（非フェミニスト的）政治コメンテーターは政治的権力の作用を過小評価しているのである」。

軍事化というプロセスがスムーズに進んだ背景に、女性たちの分断を日常的に促す策略があったことにエンローは着目する。軍事化によって利益を受ける女性たちとその被害を受ける女性たち。分断された両者を架橋する物語を紡ぐことが、「軍事化の道の上のつまづきの石」になるのかもしれない。エンローが示唆するように、「概念としての女らしさと、行為者としての女性」は、脱軍事化への思考回路を切り開く重要な視角を提供するものとなっていこう。

2　人種差別の臭気

帝国の戦争　米英によるイラク攻撃は、予想通りというべきか予想外にというべきか、きわめて短期間のうちにその帰趨が決せられた。議論の焦点は瞬く間に復興支援の側面に移行してしまった。比類なき軍事力を背景にその政策を突き通す米国の新保守主義者たちを前に、「私たちに今できることは、恐怖と暴力の余韻、あるいは予感のなかで、立ちすくんでいることでしかない」（福田和也「帝国の影の下で――われら属領の臣民」諸君二〇〇三年六月号）のだろうか。かつてのローマ帝国がそうだったように、「現在のアメリカの軍事力もまた、特にその卓越によって、恐怖を巻き起こしている。というのも、その力があまりに隔絶しているので、アメリカはいかなる相手にたいしても、好きな時に、勝手な理由で、何の見通しもなしに攻撃し、破壊し、殲滅し、なお何の痛手も受けないからである。好きなように、何の痛みもなしに、他者を痛めつけられる者ほど、恐ろしいものはない」と福田は述べる。

同様に藤原帰一「帝国の戦争は終わらない」（世界二〇〇三年五月号）もこう分析する。「冷戦終結から一〇年以上を経て、アメリカが兵力において圧倒的な優位を誇る状況ができあがっている……。その主張する正義と責任がいかに独善的であろうとも、アメリカに対抗するパワーは世界各国にはない。この、秩序維持にあたる権力が一国に集中した状態は、近代の国際政治、つまり主権国家に暴力が分散した無政府状態とはかけはなれたものだ。そこではひとつの国が暴力を行使し、ほかの国はそれに頼るか、滅ぼされるほかはない。特定の国家が世界政府を代行するという特徴から見れば、これはウェストファリア条約以後の近代国際政治よりも、その時代を遥かにさかのぼった、ローマ帝国のもとの世界に近いものといえるだろう。」

犀利な論理の下に展開されるこうした現状分析に接していると、絶望感にも似た気分に全身を覆いつくされてしまいそうな気がするが、とはいえ、イラク攻撃が国際社会に残した教訓は、米国の卓越した軍事力にはただひれ伏すしかない、ということだったわけではあるまい。そうではなくて、むしろ、恐怖と暴力の余韻、あるいは予感がする場合にはけっして立ちすくんでいてはならない、ということではなかったのか。ノーム・チョムスキーの言葉を借りるならこういうことになる。「イラクは無防備で弱い。事実中東で一番弱い体制だ。恐るべき怪物が統治しているとはいえ、イラクは誰にも何の脅威も与えていない。それに比べて北朝鮮は、ある脅威を与えている。それなのに北朝鮮は攻撃されていない。その理由は単純で、抑止力を持っているからだ。ソウルに狙いを定めて強力な砲列を敷いていて、米国が攻撃すれば、韓国の中心部を壊滅させることができるからだ。というわけで、米国は世界の国々にこう伝えているのだ。もし無防備ならわれわれは好きなときにお前を攻撃する。だが抑止力を持っていれば引き下がる。なぜならわれわれは無防備な目標を攻撃することにしているからだ」(「帝国の試運転としてのイラク戦争」季刊ピープルズプラン二二号)。

人道的な軍事力行使？

湾岸戦争後に始まった国連の査察と、米英が一方的に設定した飛行禁止区域内で繰り返された空爆により、イラクの軍事力はそれこそ丸裸にされていた。イラクは、無防備の、か弱き敵として立ち現れていた。だからこそ侵略の対象として選定されえたのではなかったか。となれば、米国の侵攻を避けるためには大量破壊兵器を進んで持つか、あるいは、国際的なテロリストネットワークとの連携を強めたほうがいい。チョムスキーが指摘するように、そうしたメッセージが広められてしまったのかもしれない。そうなると、真に危険なのは、米国の軍事力と力の論理が突出したこと以上に、米国の攻撃から身を守るために大量破壊兵器と国際テロリズムが拡散していく公算が強まってしまったことになる。米国が敵視する国であるほど、その危険性は高まるわけである。

福田は、米国の軍事力行使の態様について、「今回、アメリカ軍は、イラク戦争に関して、バクダッド攻略で一般市民二千人の死者をだした。……あれだけの規模の軍事行動で、二千人という犠牲者の数は、少ないと考えるべきではないだろうか。それはまさしくハイテクに支えられたアメリカの軍事力の『人道的』側面を実証する数字とすら云い得るだろう」という評価を与えている。ＡＰ通信が六月一〇日に報じた調査結果によると、たしかにバクダッドでの「民間人」は一、八九六人となっている。だが、他の地域も含めるなら、三月二〇日から四月二〇日までの間に生じた民間人死者数は合計で三、二四〇人にのぼる。この数字は、戦闘員と一般市民とをはっきり区別している病院での記録等によるものにすぎない。実際の死者はこれよりかなり多いだろう。戦闘員の死者はもちろん計算外である。いずれにせよ、この低く算定された数字でさえすでに湾岸戦争時の民間死者数を上回っている。これがハイテクに支えられた「人道的」な軍事力行使の実態である。

加えて考察すべきは、戦争の被害が民間人「死者数」に集約されて語られてしまう不条理である。生命を失わずとも身体の一部に取り返しのつかぬ損傷を受けた者もいる。精神的な外傷を負った者もいる。生命・身体への影響とは別に、生活基盤そのものを破壊された者もいる。その他健康への被害、教育機会の剥奪など、一般市民が被る戦争の被害は実に広範囲にわたる。とりわけ子どもや女性をはじめとする社会的被傷性の強い集団にそれが顕著である。そういった負の影響はまったく数字になって現れることがない。それじたいが十分に「非人道的」ではないのか。「米国は戦争のもたらす人間への、つまり人道主義的な結果について責任を負えるだろうか」という問いに、チョムスキーはこう回答している。「どんな結果になるか、それは誰にも分からない。だから正直でまともな人びとは暴力に訴えない。……アフガニスタン爆撃でも状況は同じだった。爆撃の初期にあなたと同じことを話したけれど、米国は爆撃の結果について調査さえしようとしなかったのだ。[調査だけでなく、必要な資金の投下も]しなかった。まずそういう問題は提起さえされなかった。だから爆撃の結果がどうだったかについて大部分の国の場合、何の関心も払われなかった。だからほとんどお金も来なかった。まもなくニュースから消えていった。そして人びとは忘れてしまった」。イラク攻撃に際しても、米英軍は民間人死者の推計をしていない。「人道的」どころか「人種差別的」な臭気が横溢している。

デモクラシーの拡大

藤原が批判的含意を込めて用いる「デモクラシーの拡大」という表現に触発されていえば、今回の米英のイラク攻撃ほど民主主義への憎悪と軽侮に満ち溢れたものはなかったのではないか。二月一四日、国連安保理における演説がテレビで生中継された。武力攻撃を阻止しようとするフランス外相の発言に期せずして傍聴席を埋める多くの外交官から拍手が沸きあがった。あきらかに、イラク攻撃を支持する国は少数であった。

それも、ごく少数だったといってよい。翌一五日、世界すべての大陸で一千万人とも三千万人ともいわれる大規模な反戦デモの波がわき上がった。イラク攻撃支援のために派兵したり、米国支持の立場を打ち出した国であればあるほどデモ参加者が多いという傾向にあった。だが、米国や日本の政府は、そうした国ぐにあるいは人々の声を「誤り」とみなした。圧倒的多数の国民の声を受けて基地の使用を拒否したトルコ政府を米政府は激しく非難した。パリやベルリンを埋め尽くす人々の声を国際社会につなぐ仏独政府を、ラムズフェルド国防長官は「古いヨーロッパ」といってのけた。

もちろん、日本の首相が述べたように、民意も間違うことがあるだろう。しかし、ことイラク攻撃に関していえば、民意の側に合理性が欠けていたようには思えない。むしろ、攻撃を断行した政策決定者のほうにこそ合理性が欠けていたというべきだ。イラクが隠しもっているという大量破壊兵器はまだ見つかっていない。これからも見つからないかもしれない。なぜなら、もともとない可能性が高いのだから。米英も日本も「武装解除」をイラク攻撃の大義にあげていたが、攻撃前から大量破壊兵器の存在を示す証拠は見つからないのでは、といわれていた。「ない」のに「ある」といい続けたことの不合理性を多くの人が見抜いていた。そうして表明された民意に、米英も日本も背を向けた。中東に広められるはずの「デモクラシー」の実態をいかにも暗示しているではないか。

3 多国間主義の動揺

アフガニスタンからイラクへ

二〇〇一年一〇月にはじまった米国のアフガニスタン爆撃はいまだに終息していない。そう、いまだに。オサマ・ビン・ラディン／アル・カイダ掃討作戦は連綿と続き、誰が名づけたか知らぬが「誤爆」という名の爆撃により一般住民の被害は仮借なく積み重ねられている。日本政府はアフガニスタン復興会議を東京で大々的に開催し「戦後処理」への貢献意欲を満々と見せていたのだが、肝心のアフガニスタンはいまや混乱のただなかにある。ＪＶＣ（日本国際ボランティアセンター）同国駐在代表を務める谷山博史がいうように、「アメリカは対テロ戦争の目的を何一つ果たせぬまま泥沼にはまってしまっている。……米軍は治安を含むすべてに優先して対テロ作戦を強引に進めてきた。それが治安をさらに悪化させる。対立する軍閥間の確執に油を注ぐ。アフガン人の反米感情を逆なでする。こうした一連のやり方が、タリバーンを初め急進イスラーム主義者のテロ活動を育む温床を作っていることを忘れてはならない」（「パンドラの箱を閉じるのは誰か――アフガニスタンの『平和でない状況』」月刊オルタ二〇〇三年六月号）。

アフガニスタンを混乱状態に陥れた米英の攻撃を国際法の観点から激しく批判してきた松井芳郎は、イラク攻撃について、さらに舌鋒鋭く、こう述べる。「二〇〇三年三月二〇日に始まる米英による対イラク武力行使は、法的にはもちろん、政治的・道義的にもいっさい正統化できないあからさまな侵略行為だという他はない。それは、自衛権の行使にも国連安保理事会が決定した集団的措置にも該当せず、国連憲章が具現する武力行使禁止原則に明白に違反する。それはまた、関連安保理決議も繰り返して確認してきたイラクの領土保全と政治的独立を侵害し、政権の武力による打倒を目指す点で、イラク人民の自決権をも踏みにじる。」(「パンドラのはこに残されたもの――対イラク戦争における国際法と世論」NO WAR! 立ち上がった世界市民の記録(世界・緊急増刊))。同様の理解は、西海真樹「国際法上正当化できないイラク攻撃」(論座二〇〇三年五月号)をはじめ、内外の多くの国際法学者によって共有されている。ちなみに、三月一八日に公にされた「イラク問題に関する国際法研究者の声明」は、日本の国際法学のなかにも、イラク攻撃の違法性・不当性を憂う研究者が少なくないことを示すものだ。

国際の平和と安全に対する脅威

もっとも、こうした国際法認識には、同じ国際法学者から異論がないわけではない。たとえば横田洋三「国連憲章の『発展的解釈』へ」(中央公論二〇〇三年六月号)は、「武力行使をできるだけ制限して世界に平和を実現したいと考える国連至上主義の人たちが、『国連のもとでは一方的武力行使は一般的に禁止され、許されているのは自衛目的および集団的行動の場合だけである』と主張したい心情は理解できる。

筆者も基本的には同じ考えである」としながら、次のように述べる。「しかし、国連憲章が想定しなかった大規模なテロ攻撃が実際に実行された以上、世界の平和を希求する人たちは、国連、あるいは国際社会がこのような新たな脅威にどう立ち向かうかについて、答えを出さなくてはならない」。そして横田は、九・一一直後に出された安保理決議があらゆるテロ行為を「国際の平和及び安全に対する脅威」とみなし、テロとの闘いにあらゆる必要な手段をとる用意があることを表明したことを想起しながら、米英が「テロとの闘い」と「テロ集団が手にする危険性のある大量破壊兵器開発に手をつけたフセイン政権打倒」を理由としてあげた以上、イラク攻撃は国連の目的に反しないどころか安保理決議の精神に沿ったものとして許容する余地がある、というのである。

テロ集団とイラク政府との実質的なつながりも、大量破壊兵器の存在も、ともにみつからないままに時は過ぎているが、仮に「テロとの闘い」が軍事力行使を正当化できるのなら、インドによるパキスタン攻撃も許されなくてはなるまい。「テロと闘っている」各国の軍事力行使を阻止できる余地も著しく狭められることになろう。そうした不安定な秩序を国連憲章は志向しているのだろうか。いや、そもそも、こうした想像力を働かせることじたいが本質的に誤りなのかもしれない。「テロとの闘い」を掲げてインドがパキスタンに侵攻すれば、侵略として最大級の非難を国際社会から浴びるに違いあるまい。イスラエルがテロ撲滅を理由に爆撃を行っても、あるいは北朝鮮やインドネシアが同様のことを手がけても、それらはいずれも違法行為とみなされ、国際法秩序への影響はなきに等しいだろう。本来なら許されぬ武力行使であっても許される余地があるなどという議論が可能なのは、ひとり米国が当事者である場合に限られるのだ。

予防戦争の語り

再びチョムスキーの言に戻る。「今回の戦争は試運転と見る必要がある。……試運転とは、米国が『新しい規範』と呼ぶものを国際関係のなかで試み、確立するためのものだ。新しい規範とは『予防戦争』のことだ（新しい規範が米国だけによって確立されることを銘記しよう）。……予防戦争ドクトリンによれば、米国―そして他のどんな国もこのような権利をもたないので、米国だけ―が、自国への潜在的脅威であると自分がみなすどんな国をも攻撃する権利をもつのだ。だから、根拠は何であれ、米国が、誰かがいつか自分を脅かすかもしれないと主張すれば、米国は誰かを攻撃できることになる」。チョムスキーはこうもいっていた。「今回の戦争はこのドクトリンの最初の発動だ。もし……成功すれば、そして相手があまりに無防備なので成功しそうだが、その時は、国際的法律家や西側知識人やその他もろもろが、国際問題における新しい国際規範について語り始めるだろう」。まさにそうした「語り」が始まっているではないか。

今回のイラク攻撃によって国際規範が消滅し国際社会がジャングル化したわけではないこ

とは、田中明彦「世界は決して『ジャングル』にはならない」（中央公論二〇〇三年六月号）がいうとおりである。しかし、予防戦争を容認する法的議論は米国の国際法学では間違いなく大きくなっている。米国の影響を強く受ける日本でもそうなっていくかもしれない。だからこそいっそう、チョムスキーの次の指摘には自覚的でありたいものだ。「このような『規範［＝予防戦争］』は、アメリカが西側の国だからこそ確立できるのだ。他の国にはできない。これは西側文化に深く根ざした人種主義の一部なのだ。それは数世紀にわたる帝国主義に遡るもので、あまりにも深く根を張っているので自分では気付かないのだ。だから私は、この戦争は重要な新しい一歩であり、またそのように仕組まれている一歩だと考えている」。

安保理における多国間主義

米英によるイラク攻撃は国際法秩序を動揺させただけでなく、より直截的には国連の多国間主義体制を揺さぶるインパクトをもつものでもあった。岡本幸夫・山内昌之「国連にはもう何も期待できない」（諸君二〇〇三年六月号）は、「国連の美しき外貌が剥がれ落ち、政治的な現実が剥き出しになった」と断じ、とくに米英の単独開戦を誘発したフランスの対応を否定的に評価している。国連軍縮局事務次長室政務官・河野勉も「安保理協議を実際にフォローした事務局スタッフの視点」に立って、次のように分析する。「反戦を貫いたフランス、ロシア、中国、ドイツからすれば、平和維持の原則に基づいた立場を維持したわけであり、常任理事国、特にフランスはアメリカの勝手な戦争を黙認しなかったことで大国としてのメンツを守ろうとした。しかし、現実にはこれらの国の執拗な反対にもかかわらず、米英はイラクに対する軍事攻撃を開始した。さらに悪いことには、これらの国の反対により安保理がイラクに対する武力行使に合意できず、武力行使が安保理の枠外で行われたことは、安保理自身の威信を著しく傷つけ、権威を損なうことになった」(「誰が国連安保理を貶めたのか――現場からの報告」中央公論二〇〇三年六月号)。

国連の多国間主義が十分な機能を発揮できなかった真因を反戦派の行動に見出すこうした分析に、米英のイラク攻撃を憤怒の念を漂わせながら批判する最上敏樹は次のように反駁してみせる。「特定の国が安保理決議なしでも武力行使すると主張したときに、他の国が足並みをそろえてその主張を容認することが多国間主義なのではない。何よりそれは単独行動主義の反措定なのであり、国々が異なる意見を出し合い、妥協や譲歩をしながら共通意思を形成することを指すのである。その意味で、このときの安保理では多国間主義がみごとに機能していた。とりわけ、安保理における多国間主義のかたちは、常任理事国同士が相互に牽制し合い、一国に突出させないようにすることを本旨としている。そのための究極の手段として国連憲章が用意したのが拒否権だった。だからフランスが、米国の武力行使提案に対して拒否権を行使する可能性を示唆したまさにその時、安保理多国間主義は、制度的・手続き的には機能の極点に近づきつつあったのである。……極点に近づきつつあった安保理多国間主義は、しかし、米英両国が……単独主義的に戦争を始めたとき、瞬時にして舞台を失った。多国間主義が機能しなくなったのではない。唯一の超大国を含む二つの国が多国間主義から離脱したのである」。

そして最上は続ける。「そこで権威が傷つくのは、置き去りにされた多国間主義である以上に、それを置き去りにした大国たちである。……だから、『多国間主義が失敗した』のではない。規範的な理を尽くさぬことによってそれを失敗させた国がある、ということなのだ」（「造反無理——この、理を尽くさぬ戦争について」世界二〇〇三年五月号）。最上はフランス外交の美化を注意深く避けながらも、「多極の世界」と「世界の人々」に重きをおいた同国の姿勢に、石油利権を超えた「将来の秩序構想にわたる重要な国連認識と世界認識がこめられていた」と述べる。だからこそそれが理のない戦争によってせき止められたことが無念でならないのだが、徹底した思考を続ける最上は、「なおしかし、今回の動きの中で次の時代へと橋渡しする種はまかれた」と希望の水脈を探し当てる。「今回ほど多国間主義という言葉が人口に膾炙したことは、かつてなかった……。実に多くの人がその意味と活用方法に思いをめぐらし、その問題点にも気づいた。多国間主義と非戦論が結びつきうるということにも気づかされた。ひとまず押しとどめられはしたものの、まっとうさを求める人間たちの声というものは、一度生まれると容易にかき消せるものではない」。

4 もう一つの世界は可能だ！

まっとうさを求める人間たちの声

帝国の秩序が深まるのに反比例するかのようにわきあがってきた無数の人々の声。ニューヨークの街を埋め尽くす大規模な反戦デモが行われた直後に、ニューヨークタイムズ紙が、米国と並ぶもう一つのスーパーパワーとして市民社会を名指ししたことはよく知られている。道場親信との対談で吉川勇一はこう指摘する。

「ベトナム反戦運動が大きく展開されるのは、戦争が始まってから十数年もたって大規模な北爆が開始（六五年二月）されてからだったのに対し、イラク戦争の場合は、戦争が始まる半年も前から全世界で数十万、数百万という大規模な反戦運動が行われてきた……実際に開戦を阻止することはできなかったものの、戦争が始まる前からこれだけの人びとが動くということは前例のないすごいことだと思いますし、それは『力こそ正義』、『われこそが至高の善の体現者』というアメリカの主張を孤立させる潮流を作り出しました」（「ベトナムからイラクへ――平和運動の経験と思想の継承をめぐって」現代思想二〇〇三年六月号）。

知識人や労働組合主導ではなく、「普通の市民」、それも老若男女、多彩な面々が様々な表現形態を通じて反戦／非戦のメッセージを伝える大掛かりなデモ／ピースパレード（マーチ）が何度も行われた。マスメディアが総じて戦争をあおりたてていたにもかかわらず、人々はインターネットを駆使して事の真相にアクセスし、武力行使にあらがうゆるやかなネットワークを構築していった。論壇を飾る知識人たちの論考には、「分析」はあっても「代替案」は少ない。人々の行動は、現状の分析に終始し未来への道筋を具体的に語らぬ知識人を置き去りにするもののようにも見える。ちなみに一月二五日に開かれた国際シンポジウム「テロリズムと帝国」の模様が論座二〇〇三年四月号に再録されているが、参加者の一人であったヤン・エーベルはそのなかで、「よき知識人は、批判的であるべきでしょう。しかし、知識人として語るだけでは十分ではないと思っています。……我々はここに市民として、または学者として座っていますが、このまま現在の状況に対して何もせず、また何ができるのかを議論しないわけにはいかないでしょう」と述べながら、自らの言葉で何ができるかについての具体的な提言を行っている。このように、米国中心の武力行使の問題性を非難するにとどまらず、平和を積極的に創り出すにはどのような国際システムをどう活用すればよいのかについて、実践的な情報がもっと提供されてよいだろう。それを国際法識字能力というのなら、そうした能力を、一握りの政策決定者・学者に占有させておく道理はないのだから。

世界社会フォーラムへの結集

反戦／非戦の声は、米英によるイラク攻撃に端を発しているわけではない。アフガニスタン攻撃を機に湧き上がったものでもない。その直接の源泉は、一九九九年のWTOシアトル閣僚会議に見出される。再び吉川の知見を借用すればこういうことになる。「そもそもこうしたイラク反戦の国際的な共同行動を呼びかけたのは、出自をいうならば反戦運動の流れからというよりは、グローバリゼーションを問題にするグループの呼びかけから始まったものでした。二月一五日の世界一週デモは、ブラジルのポルト・アレグレでの『世界社会フォーラム』の流れの『欧州社会フォーラム』の呼びかけによるものでした。もちろん集まった人はイラクをめぐって反戦平和を主張したのですが、それを国際的によびかけたのは、こうした戦争を可能にする世界的な構造全体を意識においていたんですね。ですから、表面的な戦争が終結しても、運動がひいてしまうのではなく、世界的な構造自体に向き合おうとする流れになっていくのかどうかが注目される点です。……反戦運動というジャンルが消えるわけではないでしょうが、グローバリゼーションや環境問題、食料と飢饉、疾病と保健、失業と経済などと区分され、区別されるのではない、世界の構造全体を変えようとする人びとの動きというようなものの登場です」。

反戦／非戦の思想を鍛え上げる

「もう一つの世界は可能だ！」というスローガンを掲げる、ポルト・アレグレで始まった世界社会フォーラムの流れは、通商・投資、国際金融システム、開発、権利・人権とともに、平和と安全保障をはっきりと行動の対象に位置づけている（フランソワ・ウタール＝フランソワ・ボレ編『別のダボス――新自由主義グローバル化との闘い』（つげ書房新社、二〇〇二年））。経済、人権、安全保障を一つの構造ととらえる運動の流れは、ますますその深みと広がりをましていくのではないか。欧米、とりわけ米国支配エリート主導の国際システムを人間／民衆の手に取り戻そうとする声は、時に反ＷＴＯ、時に反戦／非戦のかたちをとりながら、帝国化の力学と対になって増幅されていこう。

日本でも、運動を一過性のものに終わらせないためにはこうした思想的基盤を強化することがなにより肝要なことに違いない。とくにそれは、喫緊の課題として突きつけられている北朝鮮問題への対応のなかで問われることになろう。イラク反戦運動はあれほど盛り上がったのに、有事法制への有力な反対はみられず、イラク復興支援法と自衛隊の派遣も実にすんなり通ってしまいそうだ。イラク攻撃には反対でも、北朝鮮は別なのか。ピースボート共同代表を務める吉岡達也はこう解析する。「問題は、日本と何の過去のしがらみもなかったイラクと違い、北朝鮮との間には、植民地支配の歴史に始まり、強制連行や元日本軍『慰安婦』問題、そして今、拉致問題、核問題という非常に深刻な人権、安全保障に関わる問題が存在することである。そんななかで、今回と同じような反戦デモを実現するのが至難な技であることは明白だ。しかし、だからこそ、これからのコリア反戦運動は私たちにとって非常に重要な意味を持つ。なぜなら、イラク反戦デモではナショナリズムが反米ナショナリズムという形で追い風として働いたが、コリア反戦運動ではまさに逆風。すなわち最も先鋭化したナショナリズムと対峙しそれを乗り越えていかなければ、運動の成功はありえないからである」(「イラク反戦からコリア反戦へ」現代思想二〇〇三年六月号)。同感である。「朝鮮半島を第二のイラクにしてはならない」(姜尚中《カンサンジュン》)ためにも、加害/被害の関係性あるいは世界構造全体を視野に入れた骨太の思想的基盤を運動のなかに注入していかねばなるまい。

6 日本国憲法の人類史的意義

1 現行憲法の重要な意味

現行憲法に対する認識

現行憲法は、人類史的に重要な意味を持っているものだと思う。それは、戦争の違法化と、平和の実現に向け、人類の歴史の最先端をいく決意を表明したということを考えれば、理解出来るのではないだろうか。

日本国憲法は、日本国内の権力を統制するものでありながら、その統制によって、アジアの国々、また世界に向けて、二度と戦争をしないというメッセージを発している。その「戦争の放棄」という表明は、人類史全体を見ても、画期的なことなのである。

ただそれは、たどり着くべくしてたどり着いた最先端であり、突如として生まれ出たわけではない。一九世紀、二〇世紀と歴史を重ねてきて、世界規模化する戦争を前に、力、武力によって物事を解決する機会を減らしていこうという意識の変化が生み出した結果でもある。

戦争放棄は素晴らしい理念だが、現実的ではないという議論があることは承知している。ただ、理念としての戦争放棄それじたいについて公然と異議を唱えることはもう出来ないと思う。

一九世紀的世界では、政治外交手段として、戦争という力に訴え、物事を解決するという方法が一つの常道だった。しかし、数々の戦争と二度の世界大戦などを経たことで、二〇世紀は、その方法の行き詰まりを世界が認め始め、力の可能性を封じ込めていく流れに繋がることになった。それでも、国連憲章は、最終的には、力の行使の部分を残した。日本国憲法は、そうした国連憲章のさらに一歩先を行き、力を使わないことを謳いあげた。それは大変重大なことだと思う。

最終局面である戦争に至らないように全精力を傾けるということは、知恵、思考力、外交力、忍耐力といった人間の知力を総動員しなければならない実に厳しい作業である。戦争放棄を具現化するのは、大変な努力を必要とするが、それだけに、国際法の観点からしても、最先端をいく、非常に重要な歴史的意味を持った憲法といえよう。

戦争放棄を謳った意味

前文にある「いづれの国家も、自国のことのみに専念して他国を無視してはならない」という通り、現行憲法は日本だけを考えているわけではない。そして、なぜ世界のことを考えるのかといえば、それが一番の安全保障だからといえる。

前文では、「全世界の国民が、ひとしく恐怖と欠乏から免かれ、平和のうちに生存する権利を有する」と言っている。世界に貧困や飢餓、人権の侵害などがある場合には、それらが不安定要因となり、争いの原因となる。それを根底からなくしていくために全力を尽くすということが、本当の意味での安全保障なんだという理念である。一条から八条の問題はあるものの、前文と九条が示す理念に支えられる現行憲法は、画期的なものである。

しかし今の憲法九条の改定を目指す動きは、その前段階で出来ることがたくさんあるにもかかわらず、それを通り越して、いきなり最終局面で、どうするんだと、そこから議論が始められてしまっている。

自民党の新憲法草案

自民党の新憲法草案は「自衛軍の保持」を謳っているが、そうなると、現行憲法の評価の裏返しとして、日本は文字通り、単なる一つの国になってしまう。「普通の国」という言われ方もされているが、「普通」とはなんなのか。それは、単なる一つの国でしかない程度の憲法に堕していくということであり、人類史を先端的にリードしていく可能性を持った国から、そうではなくなるということだと思う。

現行憲法と自民党が掲げている憲法草案を比べたとき、国際法的、人類史的意義をわざわざ放棄する改定への動きといってよいだろう。明らかに現行憲法のほうが先端的なものなのだから。

2 「国際」とは何なのか

国際協力の意味するもの

自民党の憲法草案は国際協力に言及してもいる。言葉の上で見えづらい部分があるのかもしれないが、どういう趣旨でつくられているかということは明瞭である。それは、米軍の再編と密接に関わっている。つまりアメリカと一緒に、アメリカの考える国際平和・協力のために、グローバルに日本の軍隊を展開していくということにほかならない。

自衛軍といっても、実際に展開していくところは、日本周辺だけではなく、世界各地になっていく可能性が高い。それを「国際」という言葉で言いくるめられて、多くの人が反対しないとなると、アメリカの帝国主義的な発想の下での軍事力の世界的な展開に、日本は、二人三脚的に貢献していく結果になってしまうだろう。それが憲法九条改定の重要な目的の一つであることは、明瞭だと思う。

他に選択肢がないようにしか見えない現実の中にも、じつは様々な選択肢があるといったことが数多くある。現実として選びうる選択肢がいくつもあるのに、唯一の現実しかないかのような描き方をする新聞やテレビなどマスコミの姿勢もあり、私たちの社会の思考の幅、もっといえば批判的想像力が狭められてきている。そして議論は、常に一方向へと流されていく。だから何かおかしいと感じながらも、そこから回避出来ないといった、あらかじめ決められた土俵の上での宿命論的議論のつくられ方になってしまっているのではないだろうか。

また、今は、戦争という言葉を使わないで、国際協力という表現が意図的に用いられている。国際協力活動は、昔の戦争などとは違うものであり、だから、第二次大戦時の悲惨さをいくら訴えても、それとは別物ということで、いつの間にか議論がすり替えられてしまう。自民党の草案も、そこを突いてきているのだと思う。

しかし、その「国際」とは何なのか。国際協力というときの、協力する「国際」というのは、誰なのかといえば、これはアメリカなわけである。そのように言葉のすり替えが巧みに行われていて、中身は戦争そのものなのに、あたかも違うものに関わっていくかのように表現だけ変えてしまう。そういった言説操作が狡猾に行われ、拡大してきているのが現状である。

「国際」の視座

自民党草案の指す「国際」は、具体的には、アメリカであり、アメリカがコントロールしている国連や安全保障理事会のことなのであろう。しかし「国際」の本来的意味はそんな狭小なものであってはならないはずである。

「国際」とは、インターナショナルのことで、インターというのは「間」、ナショナルは「国」と訳されている。だから、インターナショナルとは「国」と「国」の間ということであり、「国」というものが「国際」というものの構成単位のように考えられがちである。例えば、「アメリカ」というときに、私たちは、アメリカという国、あるいは、政府をイメージしている。もちろん「国」や「国」を代表する政府が非常に大きな力を持っていることは確かだが、実際に国際法をつくってきた、また、変えてきた動力は「国」だけではない。最終的に「国」が決断をするにしても、それに対して実質的な影響を与えてきたのは、「国」だけではない。「国」以外の存在が「国際」といわれているものの中で蠢《うごめ》いてきたのである。

現に、アメリカの力が強化される今、それに反比例するかのように、非国家的な存在の動きが強まってきている。だから、「国際」というときには、「国」だけでなく、この地球上を構成している人びとを含めて考えるべきであると思う。

要するに、「国際」とは、けっしてアメリカだけではない。それは欧米だけでもないし、アジアも、アフリカも、中近東の国々もある。また、「国」だけでもない。例えばNGOもある、さらに、NGOのように組織化されていない無数の人間たちもいる。このことも念頭に置くべきである。そういう人間たちは、アメリカにも、日本にも、シンガポールにも、インドにも、ケニアにもいる。それらをトータルに考えることが、「国際」というものに本来は繋がっていくと思う。

「インターナショナル」が、「国」というイメージに縛られていることを嫌い、別の言葉が模索されてきたことも付言したい。例えば、「トランスナショナル」や「グローバル」という言葉がそうである。「国」を中心とする思考様式から如何に解放されるかということで、それに変わる効果的な言葉が模索されてきたということなのである。

3　非戦という究極のリアリズム

ヨーロッパの潮流

EUのスタート時点での考え方は、如何に戦争をしないかというものであった。最初は、石炭や鉄鋼をめぐる、つまり戦争のもとになりそうなものを、戦争の相手になりそうな国同士で共同管理をすれば、戦争が根元のところで出来なくなるという考えから始まっている。そして現在のEUという形に結びつけることが出来た結果、EUの中で戦争が起こる可能性はゼロに近くなった。それが、半世紀以上かけての営みの末に得られた現実である。

半世紀少し前には大戦を経験し、それ以前にも、何度も何度も戦争を行っていたのがヨーロッパである。そうした歴史を踏まえ、如何に戦争をしないかという営みが究極のリアリズムとなった。そして、EUという存在が人間の知恵によって考え出されたのである。

戦争をしないということ

朝鮮半島でも、特に韓国にとっての究極のリアリズム、つまり絶対に実現しなくてはならない「現実」は、北朝鮮と戦争をしないということである。

今、戦争をするという選択肢はないと思う。どれだけ悲惨な状態になるかを経験し、わかっているのだから。

戦争をしない、平和を守り抜くということは、理念であり、美しいものではあるが、現実は違うのだという議論があるが、逆で、戦争をしないということ――戦争を如何に回避するかということのほうが、本当の意味での現実といえる。いったん、戦争が起こってしまい、人が死に、怪我をして、自由を奪われ、生活が破壊されてしまったら、どんなに言葉を飾ってみても、その時点で取り戻すことができない損失が生じてしまう。だから、戦争をしないということが、本当の意味での差し迫った現実である。その現実を頭を絞って徹底的に追求するほうが、はるかに緊要で意味のあることだと思う。

有史以前から戦ってきた歴史を顧みて、そこから先へと考えをめぐらせる必要がある。何億人という人びとが亡くなってきた。その圧倒的に不条理な死を私たちは歴史の流れの中で振り返って見ることが出来るわけであり、そこから多くのことを学べるわけである。そういった歴史から学んでいく上で、如何に戦わないかという、そこにこそ究極のリアリズムを感じていく。それが私たちにとって、本当の意味で、生き抜くという営為へ繫がるものではないだろうか。

やられたらやり返すという発想は、やるかやらないかという二つの選択肢しかない二分法の論理から出てくるものである。やるかやらないかという問いのたて方は、実に脅迫的である。仮にやられかかったとしても、やり返すという選択肢しかないわけではない。選択肢は多様にあるということを想像することが重要であり、二分法の論理に嵌《はま》らないようにしていくには、思考を鍛えるしか方法がないと思う。

武力攻撃に備える？

武力を放棄して、やられない関係をつくることは、やり返すよりよほど大変なことである。それは、日常的な営みの積み重ねでしか実現出来ないことなのだから。戦争は日常ではありえない。その場に非日常をつくり出せばいいだけなのだ。しかし、日常の中で戦わない条件をつくり出すには、忍耐力、思考力などが必要とされる。戦争をするという決断よりも、はるかに強い決意と勇気がいることだと思う。

なによりそれには、他国のことを、歴史を、文化を知らなくてはいけない。軋轢《あつれき》を恐れないで議論をし続けなくてはいけない。とてつもなく知力の必要な作業が要求され、歴史認識の厚みも必要になってくる。それに耐えられないとき、戦争が起こるということなのだろう。しかし私たちは、それに耐えられるだけの力を養ってきたと思うし、そういう力をさらに養っていけるとも思う。それが現行憲法に謳われた理念であり、そこにもっと自信を持ってよい。

4 国際法からの逸脱

日本国憲法と国連憲章

日本国憲法の制定と著しく接近した時期の一九四五年六月に、国連憲章は生まれた。人類の歴史の積み重ね、特に二つの世界大戦を経験した後に、武力を行使しないだけでなく、武力による威嚇も行わないということを明記している。つまり戦争に懲り、もう武力やその威嚇による紛争処理という方法をやめようという合意が形成されたわけである。

国連憲章では、紛争は平和的に解決することを義務付けている。だから、紛争が仮に起きたとしても、本来は平和的に解決しなくてはならない。それよりも前に、そもそも紛争を起こさないために人権を守るとか、援助を行うといった条件整備も求めている。しかし国連憲章は、自衛権あるいは集団安全保障という名目で、最終局面において力を使う余地は容認した。これに対してほぼ同じ時期に出来た日本国憲法は、あらゆる武力行使、交戦権を、それが自衛という言葉を用いようと、用いまいと放棄した。つまり、国連憲章より進んだ考え方に基づいている。国連憲章よりも一歩先んじ、武力の放棄、紛争の平和的解決、さらに日常的に人権侵害や飢餓などが起きないような環境づくりを謳った。それは長い歴史の中で国際法が目指してきている方向に沿ったものなのである。

ここ数年の間に突出したアメリカの軍事行動は、歴史の流れの中では逸脱であると思っていて、非常に大きくぶれてはいるが、いずれ修正されていくものと考えている。

アメリカの言うとおり、「予防」さえ掲げれば欲しいままに武力行使が出来るということが、国際法のルールになるといったことはあり得ないだろう。アメリカの行動に対するゆり戻しが絶対あると思う。現に、ブッシュ政権の支持率は下がり、あんなやり方はもう通用しないという声も大きくなっている。あたかも歴史の針を戻すかのような動きが、ここ数年の間、一時的に強まり、武力不行使原則を緩めていく事態になっているが、もう少し時間をおけば、力を使わないで紛争を解決する、あるいは紛争を起こさないためにはどうしたらいいのかという方向に、議論が戻っていくと思う。少なくとも私たちはその方向に議論できると思う。それなのに、日本国憲法九条を変えてしまうのでは、なんと悲しいことだろうか。

改憲論議の高揚と国際法

逸脱と言ったけれども、その逸脱は、軍事行動だけではなく、いろいろな面で出てきている。

例えば、日本でも国境管理強化の動きがあり、外国人から指紋を取ろうということにもなった。アメリカでは既に指紋を取り始めている。同時に、アメリカは、アブグレイブ刑務所やグアンタナモ基地で、平気で拷問をしたり、拷問を他の国に外部委託したりしている。よく見てみるとわかるとおり、誰でも拷問の標的にしているわけではない。そこには、はっきりとした人種差別意識がある。同じ人間であっても、人種や宗教を理由にして、自分たちと異なる劣等な存在であると見なす人にしか、拷問はしない。

アメリカや日本は、自分たちの国を何かから守りたくて、アメリカや日本を狙ってくる人びとを、人種的、宗教的にある程度限定して、そういう人たちを排除する。場合によっては、拷問にかける。ブッシュが攻撃をしかけるのも、何処にでも攻撃をしているわけではなくて、そこにも人種的な差別がある。イラクの人びとが、二万人、三万人死んでも、一人として名前が出てくることもなく、あくまで数でしか出てこない。アメリカでも問題はあるが、一応、亡くなったアメリカ兵の名前は出てくる。イラクの人びとは対等な人間として扱われていないということの現われといえよう。

最近、人種差別のメンタリティが、いろいろな局面で現れてきていると思う。北と南を隔て、分離することで、北側の、それもエリート層の利益を如何に守っていくかという意識の強まりが原因の一つではないかと思う。

その一つの現われが国境管理を強化することだが、これは根本的には不可能を求めるやり方でもある。なぜなら人の流れはとめられないのだから。もう一つは、事前に南側に介入して、脅威の芽を摘んでいくという方法である。そのために国連のあり方も変えてしまうということが一つの手として出てきている。国連がうまくお墨付きを与えてくれれば、日本やアメリカが国際平和、国際協力という名の下で軍事力を展開していくことが可能になる。そしてその介入先は、常に南側の中東やアフリカ、アジアなどであり、まさに一方的な介入と言わざるを得ない。

ここ数年の間にそういった動きが強まってきている。人間は平等ではないという意識、脅威をつくり出している人間たちは、サブヒューマン――人間以下の人間であるという、人間に優劣をつける考え方が背景にあり、それが、国連の改編にも見え隠れしているし、経済や軍事力の現状に見えていると思う。

改憲への潮流に抗う策

日本国憲法が改定されれば、そういった大きな図式に日本が関わり、アメリカとともに軍事力を行使していく可能性は高まるだろう。つまり、その構造に、より積極的に加担していく危険性が強まるということだと思う。

今、問われていることは、人間が平等であるのか、人間の尊厳が、住んでいる場所や、信じている宗教などによって違うのかということである。ブッシュは違うといっている。日本政府もそうだといって、そうだということを国の行動として現すために、改憲しようとしている。私たちは、そんなことにコミットしていいのだろうか。

私と同世代の高橋哲哉さんや斎藤貴男さんたちが、平和・平等というものが危うくなっているというメッセージを発しているのは、私たちが生まれ育ってきた中で、数多くの不平等や矛盾もあったけれど、人間が平等であるということ、差別をしたり、人を殴ってはいけないんだということが、建て前であったとしても、きちんとあったからだと思う。現行憲法の存在も大きかった。それが今、グローバルなレベルで動揺し、そしてそれに日本も加担していくという構造に対して、肌感覚として、居心地の悪さを非常に強く感じているわけである。しかし、私は、軍事分野でそうであるように、人権分野におけるさまざまな規範的動揺も、きっと収まる時がくると思う。人間は平等であり、差別は許されないというまっとうな議論が力を回復する。というよりも、ここでも、そうした方向に私たちは毅然とコミットしていくべきではないのだろうか。

自由なスペースの縮減

こういった違和感を託せる政党があって、ある程度の力を持っていれば、大分違うのだろうが、現状では即効的な方策はなかなか見つけられない。

ただ、どこまで影響力があるか疑問なところもあるが、マスコミの果たしている役割は、やはり軽視出来ない。今の社会状況をつくり出してきた大きな要因として、マスコミの力があったと思う。マスコミに批判力がなくなってきていることが、大きな問題である。テレビ、新聞といった、まさにマスコミュニケーションが、本当の意味でのジャーナリスティックな視点によって、たった一つの選択肢しかないわけではなく、選択肢が複数あるのだということをきちんと伝えて欲しい。

アメリカの中では、ブッシュは死に体であり、これまでの政策は、そのままではもう通用しなくなり始めている。ヨーロッパやラテン・アメリカ、カナダ、アジアやアフリカでは、アメリカ政府とは異なった態度をとる政府や人びとが多いという情報を正確に伝えてもらいたい。グローバルな視点から見た場合、日本がとっている行動が、実はアメリカの中ですら終わりかかっているものに、これから憲法を改定してまでついていこうという、半周どころか、一周、二周遅れのものであることを、批判的に伝えてもらいたいものである。ジャーナリストの矜持にかけて、そういった状況が見えてくる報道への期待をしているが、そこが機能していないことが問題なのである。

また、日本の国の形も大きく変えられようとしている。ものを考えるゆとりが失われてしまっているのではないだろうか。忙しいということは、ものを考える粘り強さを簡単に失わせるものだという気がしてならない。もちろん時間があればそれでいいというわけではないが、ものを考える空間というのは、ある種ゆったりした時間が流れていて、その時間の中でものを考える力を養った人たちが、社会に対して発信していく。そして本来、そういう場の一つとして大学があってしかるべきだと思う。そこにも市場経済の論理が色濃く浸透し、如何に消費者である学生にサービスを提供するかといった形で切り崩しが図られている。また、弁護士の自治も危うくなってきている。

自治を守り、批判的な言説をつくり出してきた空間がどんどん縮小し、場合によっては消失している。そして、マスコミも先程言ったような状況で、そうなると、何かおかしいと感じている人たちにとって、そのおかしさをきちんと代弁してくれる人びとの集団が存在しない、また、存在しても非常に限られたものになってしまっている、というのが日本の現状ではないだろうか。世界の流れは、日本がこれから憲法を改定していこうとする方向とは違う方向にいこうともしている。そのことを、きちんと認識し、機会を捉えて語り、また聴き続けていくことが大切だと思う。

7　五年目の九・一一──〈再びの一九世紀〉から二一世紀へ──

武力が好かれるわけ

国際法を学び続けると、武力行使というものにだんだんと違和感を覚えなくなっていくものなのかもしれない。すべての国に紛争を平和的に解決する義務が課せられているのだから、本来であれば、その義務の内容をとことんつきつめて議論してもいいはずなのに、国際法の世界ではそんな雰囲気はほとんど感じられない。そんなことよりも、どんな場合に武力を使えるのか、という点に議論が集約されがちである。もちろん、タテマエでは戦争が違法化されているので、安保理を通じた軍事的強制措置とか、自衛権とか、はたまた人道的介入といった麗しい言葉にくるんでの話ではあるのだけれど。

国際法は、いってみればグローバル・スタンダードであり、その存在理由は国際社会の共通利益を実現することにある、とされる。しかし、国際社会という茫漠たる概念が内包しているのは、多くの場合、欧米先進国に所在する男性支配エリートの声にほかならない。政治家や行政／司法官僚あるいは「権威ある」学者たちがそのなかで厳然と上席を占めている。

国際法の議論がどうしても武力から離れられないのは、彼ら（ほぼすべてが男性なので「彼ら」といってしまっていいでしょう。）が侵略者の記憶だけを湛え、武力を心底信奉しているからなのではないかと思ってしまう。戦う（戦わせる）ことが好きで、武力がなければ自分たちの安全を守れないと心から信じているのだろう。

国家の本性は暴力的であり、自存のためには核兵器を含む武力行使だってかまわないという言説が国際法の世界では今でも大手を振るっている、と聞けば、本当なのか、といぶかる向きもあるかもしれない。でも、それが本当なのだ。一九九六年に核兵器の威嚇・使用を一般的に国際法に違反すると宣言した国際司法裁判所の勧告的意見にだって、核兵器を公然と容認する個別意見がちゃんと付せられている。二〇〇五年のミレニアム・プラスファイヴ・サミット成果文書から、軍縮の箇所がまるごと削除されてしまったことも記憶に新しいのではないか。

戦争の違法化は二〇世紀の国際法が残した輝かしき遺産だと思っているが、この遺産は、未曾有の惨劇を経てはじめて可能になったという意味で実は人間の不条理を皓々と映し出す負の遺産でもある。もちろんそこには世界各地の人間たちの平和への熱い願いが込められているのだが、国際法を担う実務家や専門家たちは、戦争の違法化が達成された直後から虎視眈々とこの規範の弱体化を狙ってきた。そしてその最大のチャンスが、皮肉なことに冷戦の終結とともにやってきたのである。

再びの十九世紀

一九九一年の湾岸戦争がその好個の機会であった。実際には米国に対する軍事力の外部委託にすぎなかったのに「安保理が復活した！」と賞賛されてやまなかったその戦いの後、米国を中心とした先進工業国による武力行使が間欠的に断行されていくことになる。なかでも、一九九九年にNATOが行った武力行使は「違法だが正統である」として多くの国際法学者のお墨付きを得たのだが、このフレーズは、二〇世紀に駆逐されたはずの「力こそ正義なり」の別表現そのものであった。二〇世紀の後に待ち構えている次の一〇〇年が、燦々たる希望を後背に抱えた新世紀ではなく、歴史の流れを遡る〈再びの一九世紀〉であることを予示した警句的フレーズとでもいうべきものであった。

九・一一を奇貨として進められた武力行使禁止規範の弛緩は、こうした流れの延長線上にある。九・一一は何かを決定的に変えたのではなく、既に進行中の国際法の地殻変動を突出した形で見せつける契機になったのだ。狂気に急かされるように進められたアフガニスタンへの武力侵攻、そしてイラクへのあからさまな侵略、終わりなき占領……。力の支配が席捲した一九世紀がそこかしこで息を吹き返してきた。

ポスト九・一一の事態に表象される〈再びの一九世紀〉は、自由民主主義／市場経済を絶対的正義に据え、国家間にあからさまな価値的序列をつける暴力的な思考を蘇生させた。欧米型政治・経済体制を拒絶する国は「ならず者国家」、果ては「犯罪者国家」などと名指しされ、経済制裁や軍事的圧力を一身に浴びることになる。「ならず者国家」は――たとえ政権が人々の意思によって選択されていたとしても――存在そのものが国際平和への脅威とされてしまう。国連憲章によれば国家は多様であってよく、政治経済体制が違っていても平等なはずなのに、そんな平等原則はどこかにいってしまったかのようだ。

平等原則の崩落は、人間間においていっそう顕著である。〈テロリスト〉という記号を装着された人々の処遇にそれが端的に表われている。二〇世紀の誇るべき遺産である世界人権宣言は、すべての人間が尊厳において平等であることを高らかに謳いあげ、また一九八四年に国連で採択された拷問禁止条約は、人間が人間であるかぎり絶対に拷問は許されないことを強調している。こうした、国際人権法の最も基本的な要請が、それを打ち立てたはずの先進国政府自身によって公然と無視され踏みにじられるようになってしまった。アブグレイブ刑務所の醜悪な風景は、自由民主主義／市場経済を脅かす〈テロリスト〉たちを人間の範疇から放り出し、あらゆる手立てを用いて「北」（＝先進国）の安全保障を守ろうとする政策決定エリートたちの愚かしき判断の必然的帰結というべきだろう。悲しきことに、人道大国とされるカナダやスウェーデンもその例外ではなく、ことにカナダでは、「安全保障のためであれば拷問も許される」という耳を疑うような判断がほかならぬ連邦最高裁によって下されるまでになっている。（そして、拷問を容認したカナダ連邦最高裁裁判官の一人は、国際人権活動の要に位置する国連人権高等弁務官のポストについた。）

跋扈するテロリストたちと敢然と対峙し、〈私たち〉の安全・安心をなんとしても守る。マッチポンプのように捏造された脅威が前景化され、誇るべき国際法の遺産群が次々に侵食される情景が連続的に出来している。「構造改革」から「美しい国」へと移行した日本もまたその隊列のなかにある。「テロリズムの未然防止」を理由に一気呵成に進められた入管法改正はいうまでもなく、越境組織犯罪防止条約批准を口実に推進されている刑事法改正（共謀罪の新設など）にもその様が鮮明に映し出されている。

味方こそ敵

敵はテロリスト。テロリストを見つけ、破砕する。そして、〈私たち〉の安全を守る。テロリストとは、「ならず者／犯罪者国家」と人種的・宗教的につながった〈彼ら（＝他者）〉──。一見すると、〈私たち〉と〈彼ら〉は截然と分けられるようでもあるが、しかし、テロリストはどこにいるのかわからない。ひょっとすると私たちのなかに〈彼ら〉が紛れ込んでいるかもしれない。こうして、私たちのなかにいる〈彼ら〉をあぶりだすため、恒常的な監視が行われることになる。〈私たち〉の安全を守るといいながら、私たち自身が監視の対象になっていく。私たちが〈彼ら〉そのものになっていく。テロリストは私たちなのだ。そう、味方こそ敵──。

すべては〈私たち〉の安全のためという。だが九・一一から五年が経ち、〈再びの一九世紀〉によっては、世界がますます不安定になるばかりであることを、私たちはもう十分すぎるほど体感したのではないか。とめどもない閉塞感と沈黙の広がり。日々の生活を営む世界の無数の人々も、私たちと同じ思いでいるに違いあるまい。歴史は人類の進歩の軌跡である、などとナイーヴにいうつもりは毛頭ないが、それでも、二〇世紀の次には一九世紀でなく、やはり二一世紀がふさわしいと私は思う。二〇世紀の国際法が残した偉大な遺産である、戦争の違法化と人権／平等を引き継ぎ、その拡充と具現化を推し進める歩みこそ、二一世紀に最もふさわしい営みなのではないか。その営みを、平和を願う世界の人々とともに、本格的に推し進めていくべきときだろう。

平和を創り、平等観念を打ち立てた原動力は、それを求める人間たちの絶えざる闘いにほかならなかった。振り子が大きく一方向に振れているからといって、希望を捨て、歩みを放棄することはない。歴史は、けっして終焉などしないのだから。

V

未来を紡ぐ

抗《あらが》う思想／平和を創る力

1　権利に伴う責任とは

自己責任

イラクで三人の日本人が人質になった時、きっと大勢の人が無事を祈ったことだろう。犯人が誰なのかもわからない中で、多くの人たちが、利用できるあらゆるルートを使って懸命に釈放への道を模索したのだから。

その半面で、人質になった人たちの責任を追及する声も沸きあがった。もともと危ないとわかっていたのに、十分な備えなく出かけて行ったのだから、こんな目に遭うのもしかたない。そんな意見が多数聞かれた。その中には、非難というより、当人を心配するがゆえに発せられた善意の声も少なからずあったと思う。

ただ、責任を問う声の中には、別の考えをもったものもあった。たとえば、自己責任論は政府によっても主張されたが、そこには、人質に万が一のことがあったとき自分たちに振りかかってくるであろう火の粉をあらかじめ当人たちに振り向けておきたいという政治的思惑があったように思う。

あるいはその一方で、政府のいうことに従わない人の面倒まで国がみる必要はないのではないか、という意見も聞かれた。国民は政府の庇護の下にあるのだから、政府のいうことを聞くのは当然の義務である、という意見である。報道のなかには、このような意識の下に自己責任論を展開したものが数多く見受けられた。

私は、政府や報道機関のこうした意見に、強い違和感を覚えた。これは「民主主義」を標榜する社会では考えがたいことだからである。民主主義の考え方によれば、国家（政府）は国民に奉仕するために存在するのであって、国家のために国民があるわけではない。国家の最大の使命は、国民の生命や自由を保障することである。私たちが普段から税金を払っているのもそのためである。その国家が、国民が危険に瀕したとき真っ先に自己責任論に逃げ込み、しかもそれを支持する声が沸きあがるという情景は、制度的にはなんとも説明のつかない事態というしかないものであった。

むろん、危険と分かっている所に赴く場合にはそれなりの準備が不可欠である。準備が不十分だったとすれば、それは批判されてもしかたのないところである。ただそうだとしても、国家には国民を助ける義務があることには変わりない。それが国家の「仕事」なのである。

権利が実現される社会

といって、私は、無責任な振る舞いを奨励するつもりはいささかもない。私たちはみな権利をもっているのだから、当然ながら相応の責任の下に行動しなくてはならない。このことはどんなに強調しても強調しきれるものではないだろう。ただそれは、政府や組織の言うことにただ従っていればよいということではない。権利に伴う責任とは、なにより権利が実現される社会を築きあげるために自発的に行動することを意味する。その社会とは時には地域であり、時には国内社会であるだろう。時には、国境を超えた地球社会であるかもしれない。世界のすべての人間の生命・自由がきちんと保障される環境を築く努力をすることこそ、私たちに課せられた最大の責任なのである。その責任を創造的に果たそうとすれば、時には失敗も出てくるだろう。その失敗を責めたてるのでは萎縮をあおるだけである。そうならないよう、失敗に寛容な社会的雰囲気を作ることも私たちの大切な責任の一つなのではないだろうか。

イラク戦争は、明白な国際法違反の戦争だった。この戦争によって無数のイラク人の生命・自由が蹂躙されてしまった。戦争で最も大きな被害を受けているのは、戦闘に参加した人たちではなく、戦闘に参加しなかった現地の女性や子どもたちである。その一人ひとりに、私たちと同じように、かけがえのない生活や権利があったはずである。イラク戦争を一貫して支持してきた国に住む者として、私たちはそのことにもっと思いを寄せていいだろう。そして、地球上に住むすべての人間の権利を実現するために私たちが果たすべき責任とはどのようなものなのか、そのことを改めて考えてみてもよいのではないか。

2　将来の夢？

ほんの数年前まで、幼かった娘たちからこんな質問をよく受けていた――「お父さんの将来の夢って、なに？」

「夢？　この私の？」。自分たちがどこかでされた質問をそのまま私にぶつけ直したのだろうが、それなりに年齢を重ねてきた身には「いまさら将来の夢といわれても……」というのが本音ではあった。ただそう言ってしまってはあまりにも味気ないので、「小さい時にはこんな夢をもっていたよ」などと、焦点を少しずらして答に代えさせてもらっていたのを覚えている。

でも、子どもたちはしつこく、同じことを何度も聞いてきた。たいした意味はなかったのだろうが、それでも同じ問いを重ねられるたびに、だんだんこちらも「将来の夢って、何なんだろう」などと考えるようになっていった。もっとも、考えていくほどに浮き立ってきたのは「自分はなぜ今この仕事についているのか」という問いではあったのだが。

在外研究先のカナダで、二〇〇四年一〇月、二人の女性が連邦最高裁の裁判官に就任した。これで九名中四名が女性ということになる。日本はいうまでもなく、こんな最高裁をもつ国はほかにどこを探してもない。長官も女性。男性中心主義に染まりきった向きに、カナダの風景はどう映るだろう。

新任裁判官の一人ロザリー・アベラは、こちらでは人権擁護への揺るぎなきコミットメントをもつ者として有名だが、彼女はホロコーストを生き延びた避難民のキャンプ地で五八年前に生を享けていた。「権利も、民主主義も、正義もない」絶望の地で始まった彼女の人生は、やがて「権利と民主主義、正義をこのうえなく希求する」人生に変わっていった。その歩みは、彼女をとうとうカナダの最高裁にまで押し上げた。激しく揺らいだ自らの道のりを振り返り、彼女は涙をこらえ、こう言って就任演説を閉じた。「カナダ人であることを、私は誇りに思う」。法が人間によって担われているのだということを改めて心に刻ませる、実に感動的な情景だった。

カナダ連邦最高裁は、彼女にとって紛れもなく夢の場所だったのだろう。移民として、ユダヤ人として、そして女性として幾重にもふりかかる差別の網を果敢に突き破り、彼女は夢のポストにたどりついた。「権利、民主主義、正義」を限りなく希求するアベラの思いは、裁判所全体の思いとなって、進歩的な法廷の判断を導いていくに違いあるまい。

そんなアベラとは比べようもないけれど、私も「権利、民主主義、正義」、そしてなによりも「平和」が確固として実現される社会のために自らの仕事を振り向けていきたいと念じている。圧倒的な新自由主義の影響を受け平和と平等の理念が急速に切り崩されつつあるときだけに、なおのことその思いを強くしている。そこに、私の夢も連なっていくのだと思う。知の力を動員して社会の変革に寄与すること。今なら私の夢をそう語れるのだが、成長とともに娘たちはさすがにもう、「お父さんの将来の夢」を聞いてくるようなことはなくなってしまった。

3　日常の中の性暴力

被害者の責任？

「この付近、ちかんに注意」――。街角で、こんな看板を目にすることがある。「注意」するのを求められるのは、潜在的な被害者、つまりは女性ということなのだが、よく考えてみると、これはおかしな話だ。なにも悪いことをしていない側が、どうしてビクビクしなければならないのか。「注意」をよびかけるなら、むしろ、潜在的な加害者である男性に対してではないのか。「ちかん行為は、犯罪です」。こう書けばよいではないか。

女性への暴力の場合、加害者ではなく被害者の側に注意を求められるのが一般的だ。誰だって、暴力はいけないと思うだろうが、女性が被害者になる暴力の場合には、「暗い夜道を一人で歩いたことがいけなかった」とか、「ついていったからいけなかった」とか、「抵抗しなかったからいけなかった」などなど、「いけなかった」ことの責任がことさら被害者の側に帰せられてしまう。そして、それに反比例するかのように加害者の責任が軽減される。こうした構図がずっと続いてきた。女も男も、それが当たり前と思ってきた、いや、思わされてきた。

日本だけではない。地球上いたるところでそうだった。世界でもっとも男女の平等が進んでいる（といっても、まだまだ不十分だが……）国の一つ、カナダでも、こんなことがあった。「アルバイト募集」と書かれたチラシを目にした一〇代後半の女性が、指定された面接の場所に出かけていった。暑かったこともあり、ノースリーブでスカートも短めの格好でいったところ、面接にあたった男性は、仕事の話もそこそこに「ハラスメント」行為に及んできた。その場を命からがら脱出した女性は、決意して、この事件を裁判所に訴え出た。

旧態依然の女性観

残念なことに、損害賠償を求めるその訴えは棄却されてしまった。耳を疑ったのは、審理を担当した男性裁判官が、「挑発的な格好をしていくほうが悪い」と断じたことである。「長袖で、長い裾のスカートをはいていくべきだった」。二〇世紀の終わりに、「人権先進国」カナダの裁判所から、こんな判断が出てきた。この判決は、連邦最高裁判所に上訴され、そこで、てぐすねを引いて待っていた気鋭の裁判官により、徹底的に批判され破棄された。カナダの司法の権威がかろうじて守られた感がしたが、そもそも、旧態依然の女性観をこれほど露骨に判決にもちこむ裁判官が存在しているということに私は驚いてしまった。しかしそれ以上に驚かされたのは、そうした裁判官の女性観を公然と支持する論調がマスコミの中に少なからずみられたことである。社会の意識、とくに既得権益層の意識は、なかなか変わらない。そんな印象にかられた。

社会における、あるいは家庭における男女の関係を再構築しようとする気運は世界大で広がっている。男女共同参画社会基本法の制定に見られるように、日本もその例外ではない。けれども、そうした気運が高まれば高まるほど、「揺り戻し」も激しさを増す。結局これは、社会の中で人間をどう位置づけるかについての価値的闘いといってよい。法律や制度ができても、それで終わりというわけではあるまい。この闘いを、私は私なりに引き受けていくつもりだ。それは、自分自身の生き様を確認する営みであると同時に、未来世代への責任でもあると思っている。「ちかんに注意」と書かれた看板の横を、時に笑いながら、時にケンカしながら走りぬけていく子どもたちの姿を見るたびに、そんな思いを強くしている。

4　男女共同参画社会の意味するもの

社会をつくる力

二〇世紀の悼尾を飾る記念すべき年に全国の自治体に先駆けて公布された埼玉県男女共同参画推進条例（以下、「条例」）は、新世紀に臨む県民の決意を高らかに宣言し、前文の最終段落をこう閉じている。「私たちは、男女共同参画社会の実現を目指すことを決意し、男女共同参画の推進についての基本理念を明らかにしてその方向を示し、男女共同参画を総合的かつ計画的に推進することにより、豊かで活力有る二一世紀の埼玉を築くため、この条例を制定する」。

ここには、男女共同参画を推進することにより社会が豊かで活力に満ちたものになるとの認識が示されている。人間の社会は、人知を超えた力によって予定調和的に構築されるのではなく、常に、人間の具体的な実践を通じて形づくられている。偶然の要素が作用して予想外の事態がもたらされることも少なくないが、そうであっても、社会のあり様を決定づけてきた動因が人間の営みにあることには変わりない。社会のあり方は運命によって決定づけられるのではなく、そこに棲まう人間たちの主体的な意思と行動とによって白にもなり、黒にもなり得るのである。

「条例」の前文に立ち戻れば、「豊かで活力有る」社会を築くという方向性に異議を唱える向きは、おそらくそうは多くないと思う。けれども、そのためにどういった方策をとるのがよいのかという問いについては様々な回答がありえよう。したがって、どうしてもそこには価値的・政治的判断が入らざるをえない。この点で「条例」は、男女共同参画の推進こそが豊かな社会を導く水先案内人になる、という認識を打ち出している。旧来の男中心の社会ではなく、男と女が真に平等になることこそが豊かさと活力に満ちた社会をつくりだすという判断である。

排除から包摂への転換

この判断を多少敷衍するに、二〇世紀の日本は、社会制度を設計する際の基本となる人間モデルを、多くの場合、壮年の男性であって日本国籍を持つ健常者たる和人に限定していた。学問研究、政治、経済、教育、文化、あらゆる領域においてそうである。当然というべきか、その裏返しとして、女性、子ども、高齢者、外国人、障害を持つ者、アイヌといった人々は、社会において不可視の存在か、せいぜいが特殊な存在とされてしまった。自然とそうなってしまったわけではない。私たちの意思と行動とによって、そうした社会的現実がつくり出されたのである。

二一世紀が深まりゆく現在は、前世紀において沈黙を強いられていた多くの人間たちの働きかけにより、日本社会の風景が大きく転換する時となって立ち現れている。これまでが〈同化・排除型の社会〉であったとすれば、多様な人間の共生を可能にする〈包摂型社会〉への転換である。男女共同参画の理念はその先駆けであり、「条例」は、制定後二年目に開始された先端的な「埼玉県男女共同参画推進プラン」（以下、推進プラン）を伴って、そうした転換への歩みを誘導する誇るべき道しるべとなってきた。

女性差別撤廃条約とジェンダーの主流化

忘れてならないことに、埼玉県の男女共同参画行政は、日本国を超えて、国際社会全体を貫く巨大なジェンダー平等の潮流と密接なつながりをもっている。想像しにくいかもしれないが、埼玉県は、日本の地方自治体であると同時に、国際社会の一部でもある。埼玉県は、世界の外にあるのではなく、まぎれもなく世界の内にある。男女の平等を志向する世界的なうねりが、その一部を構成する埼玉県に及ぶのは至極当然であり、現に、「条例」の前文にもその旨が明文ではっきりと確認されている。

埼玉と世界を結ぶ架け橋になってきたのは女性差別撤廃条約である。「女子に対する差別となる既存の法律、規則、慣習及び慣行を修正し又は廃止するためのすべての適当な措置

（立法を含む。）をとること」を求めるこの条約は、男女平等を推進する国際社会の強力な法的拠り所でもある。一九九九年には、性差別撤廃を訴える国際人権救済申立て（個人通報手続）を可能とする選択議定書も採択された。女性差別撤廃委員会による定期報告審査も精度が高まり、条約の実現をうながす国際的仕組みは拡充・精錬の一途をたどっているように見える。

一九九〇年代には、女性差別撤廃条約に限らず、国際人権規約や子どもの権利条約、人種差別撤廃条約といったすべての人権条約の実現にもジェンダーの視点が導入されるようになった。この流れは、人権の域を超え、開発や安全保障をはじめとするあらゆる分野に及んでいる。いわゆる「ジェンダーの主流化」である。そこで企図されているのは、社会的に排除されてきた女性の経験・声を自覚的に拾い上げ、真に平等な制度を創出することにほかならない。

ジェンダーという言葉そのものに対して違和感を覚える方もおられるようだが、すべての政策決定の場にジェンダーの視座を組み入れることは、いまや世界の「常識」と化していることは知っておいてよい。日本が世界の一員として生きていこうとするのなら――もとより、それ以外の選択肢はありえないのだが――、ジェンダーの主流化から目をそむけることはできないといってよい。

グローバル化と多様な女性たちの存在

もっとも、ジェンダーの主流化が進んだ時期はグローバル化が急速に深化した時でもあり、そこに新たな差別の芽が吹き出していることも見落とすことはできない。企業活動の自由化を促すために社会・労働規制が緩和され、世界全域で労働条件の著しい劣化が進んでしまった。非正規雇用者が増大し、人身取引きも驚くほどの規模で展開されるようになっている。その影響を圧倒的に受け続けているのが女性たちであることはここに改めて確認するまでもないだろう。

その一方で、ジェンダー主流化の過程で拾い上げるべき声・経験とは、いったいどこにいるどの女性のものなのか、という問いも発せられるようになっている。男性がそうであるように、女性もけっして一枚岩ではない。たとえば、高齢で障害を持つ発展途上国の女性と、壮年の健常な先進国の女性とでは、同じ女性といっても、おかれた環境は大きく異なっている。にもかかわらず両者を「女性」という枠で一括りに扱ってしまっては、かえっておかしなことになりはしないか、という議論である。女性という大きな枠だけで済ますのではなく、人種や出自、国籍、社会階層など、他の諸事由と複雑に絡まり合った結果としての差別や不利益の実態を、個別具体的に見ていく必要があるという認識はきわめて現実的であり、今後ますます重要性をましていこう。

国際社会では、ジェンダーの主流化が進むほどに、女性をいつまでも特別扱いする必要はないのではないか、という見解も少しずつではあるが聞かれるようになっている。主流化の表面的成果が、女性の人権に焦点をあてた機関を他の機関に統合するための論拠として援用されることもある。性（的指向）による差別が撤廃され平等が確たるものになっているのであれば、それもありうる施策といえようが、その水準にはるか及ばぬ段階での提案であるだけに、どう見ても時期尚早といわざるをえず、強い疑念が広く呈されているのも当然のように思える。

男女共同参画への絶えざる歩み

埼玉県の推進プランは、策定後に生じた新たな事情を踏まえ中間年に見直しを行ったが、その際にも、世界の状況と県内の事情とが抜きがたく関係づけられている実態を痛感せずにはいられなかった。労働形態の変容にさらされる働く場での男女平等の実現、性暴力・人身取引対策の推進、女性の健康を脅かす諸問題あるいは高齢者・外国人女性の直面する諸問題への対応などは、まさにグローバルな問題の地域的表出といってよい。

他方において、「推進疲れ」ともいうべき雰囲気がいくばくか感じられたことも告白せざるをえない。「頑張ってここまできたのだから、もういいではないか」という思いにも駆られてのことだろうが、しかしここで平等への闘いの旗を降ろし始めるのではいささか拙速にすぎる。性別による固定的な役割分担意識は頑強であり、その見直しは世界各所においてそうであるように、埼玉県内においてもいまだ道半ばである。家庭でも地域でも職場でも、そしてなにより教育の現場において、男女の真の平等に向けて取り組むべき課題はけっして少なくない。

新たな事態への対応に知恵を絞る一方で、根強く残る差別的慣行と対峙する意義はいささかも減じられていない。男女共同参画社会の構築は、それを目指す人々の粘り強い働きかけによってしか実現できない。そのことを心に刻み、世界の人々とともに平等への歩みを絶やすことなく続けていきたいものである。

5　法科大学院の原風景・再訪

記憶の中のバージニア

まったく罪な制度だとつくづく思う。日本に法科大学院が発足して四年目になるが、年々、私のまわりからは笑顔が減っている。鏡に映る私の顔だって、もともとひどかったとはいえ、険しさを増すばかり。いったい、法科大学院に携わる教員や学生のなかで心底幸せを感じている人などいるのだろうか。周囲を見渡すたびに、そう思ってしまう。

私にとっての法科大学院の原風景は、いまから二〇年ほど前に留学していたアメリカのバージニア・ロースクールにある。夢中になって日々を送っていた。すべてが楽しく、充実していた。あれほど勉強したときはないし、あれほど遊んだときもない。そしてなにより、あれほど笑ったときもない。

もちろん、記憶は現在の文脈によってつくりかえられるのが常なので、果たして今掘り起している記憶が二〇年前の私の姿を精確に伝えているのかは保証のかぎりでない。気のむすぼれる毎日があまりにも長く続いているため、せめて過去を美しく装飾し、閉塞しがちな精神の安定をはかりたいという本能がそう思わせているところもあるのだろう。だから、少し差し引いて読んでもらうのがいいのだが、ただ、そんな過去の一断面をここで持ち出したいのは、なにも楽しかったあの時をロマンチックに振り返りたいからなのではない。そうではなくて、法科大学院とはそもそも私にとってどういうところとしてイメージされるようになったのかを再確認しておきたいからである。

バージニアが私にとって法科大学院の原風景をなすのは、なにより、そこで国際人権法を初めて本格的に学ぶことができたからであり、そこで初めて国際人権法クリニックを経験できたからにほかならない。理論と実務を架橋させ社会を変革するために国際人権法を動員することが、どれほどエキサイティングで、かつ重い責任を伴うことなのか、それを身をもって体感できた。多少の誇張を交えていえば、あの時の知的興奮が深く身体に刻み込まれて今の私を形作っているところがあるようにも思う。

原風景のなかでもうひとつ特徴的なのは、学生たちが司法試験への不安をおそらくまったくもつことなく日々の学修にいそしんでいたことである。司法試験などは、五月に卒業した後、いくばくかの時間をさいて予備校らしきところで集中的にそれ用に準備すれば十分にパスできた。実際にそれだけで足りたのである。法科大学院の学修を犠牲にしてまで司法試験のことを気に病んでいた学生は、多分、一人もいなかったはずだ。今でもそうだと思う。試験で問われる内容も簡単といえば簡単だし、合格率だって、州によって違うとはいえ、けっして低くは設定されていない。

だからこそ、国際人権法／クリニックの授業も静態的にはならず、未来に向かって学生の思考を開いていく動態的で創造的なものになりえたのだろう。いつか法科大学院のような制度ができるなら、知的興奮満載の原風景を、そのままというわけにはいかないまでも、いささかなりとも日本で再現してみたい。そう願っていた。

そんな願いがまさかこんなに急に現実のものになるとは思ってもいなかった。一九九九年ににわかに顕在化した法科大学院構想は、あれよあれよという間に具体化され、二〇〇四年に全国各地で一気に花開く。私の勤務校にも法科大学院が設置され、カリキュラムの中に国際人権法が組み入れられた。講義だけでなく、演習にも、クリニックにも。法科大学院の理念を実現するうえで国際人権法ほど有用な科目はない、という自負すらもっていただけに、私にとっては心浮き立つ門出でもあった。

法科大学院の危機

だが、あれから四年目を迎え、日本の法科大学院の風景は、早くも大きく変わってしまった。

教員も学生も、明確な理念のもとに創出された法曹養成の場に希望をもって身を投じたはずが、眼前に出来する現実の情景はといえば、理念など痴れ言かのようにひたすら醜怪な相を深める一方に見える。

さすがに法科大学院制度が崩落にまで至る事態を想像するのは難しいだろうが、ただそうだとしても、この壮大な社会的構築物が既にして重度の変質過程にあることは紛れもない。変質とは、理念からの退却。潰走というべきだろうか。その元凶が新司法試験の現状にあることは知ってのとおりである。制度設計時に約束されていた高い合格率が、いっかな実現されぬまま、まるでうたかたの夢だったかのごとく遠景に去りつつあるところに、すべての歯車を狂わせた大本がある。

それだけでも憂悶するに十分なのに、まるで追い討ちをかけるように湧き上がった大がかりな試験問題漏洩「疑惑」。競争試験と化した現状が考査委員制度の実情と組み合わされば、問題の漏洩は、関係諸氏の貧寒たる資質以上に、制度的な帰結といわれてもやむをえないものかもしれない。だがそれにも増して喫驚すべきは、事態の発覚を受けての関係諸機関の初動対応である。拙速以外に適当な言葉の見つからぬ文科省からの調査要請。公正さも説得力も欠いた法務省（司法試験委員会）の「事実確認」。及び腰だった法科大学院協会。本質の究明が回避され、責任の所在があいまいなまま、疑惑というにはあまりに明白なこの不正義は、人々の記憶のなかにくぐもり隠れる道をたどっていくのかもしれない。

法曹界の先細りへ

こうした事どものツケを払うのは法科大学院だけではない。弁護士会を含めた法曹界全体である。現に、面妖な事態の連鎖に、多くの有能な人材が法曹界に足を踏み入れる決断を躊躇しはじめている。適性試験受験者数の悄然たる減少の様がそれを端的に物語っている。よもや法科大学院全入時代が来るようなことはないだろうと願望をこめて思うが、問題をいっそう深刻にしているのは、量の低減に加え、受験者層（質的側面）についても不祥の変化が見て取れることである。多彩な人生経験に裏打ちされたすぐれた社会人の参入が減り、これに非法学部出身者の集団規模が縮まって、法科大学院の教室は――誇張を怖れずにいえば――新卒の法学部出身者であふれかえりつつある。そしてさらに強まる予備校化への圧力。

法科大学院は未来の法曹を養成する場として設置されたはずである。当然のごとく、そこが人的にやせ細るということは、法曹界の裾野が狭まることにほかならない。遠からぬ未来に弁護士会をも直撃する、端倪すべからざる事態である。晦冥にすぎるかもしれないが、理念に忠実であろうとするほどに気のむすぼれる法科大学院の現状に、揺曳するこの国の明日がおぼろに見えてしまうかのようである。

6　法教育を遠望する

法の理念への接近

ギリシャ神話に由来する法の女神ユスチチアは、左手に正邪善悪を判断する天秤、右手に破邪降魔の剣を携えている。「価値的な判断」と「強制」という法の本質がそこに端的に映し出されているわけだが、この美しき女神は正義の女神でもある。「社会あるところに法あり」といわれるように法は共同生活を営む人間社会の歴史とともにあるところ、私たちが法に託す期待はいつの時代も正義の実現にあった。法の理念は正義にほかならず、だからこそ法の女神は正義の女神なのでもある。使い方を間違うと危険で傲慢な言葉に変貌してしまいがちとはいえ、それでも、正義こそが法の精神を担ってきたことには変わりない。

法教育も、対象者の年齢や発達段階に応じて表現・伝達方法が異なろうと、法についての教育である以上、正義という理念的側面を追求するのは当然であろう。子どもたちにルールを作らせたり、あるいは特定のルールを用いて紛争解決への道筋を考えさせるとき、そこには常に「それによって正義は実現されるのか」という大きな問いが控えている。やがて訪れる裁判員制度のもとで一般市民が職業裁判官とともに事実を認定し、法の解釈を行い、そして判決につらなる判断を下すとき、そこにも「それで正義は実現されるのか」という問いは宿命的に待ち受けているのである。

グローバル化の進行とともに法化社会の位相がますます深まる今日、私たちの生活は全域において法の作用から無縁ではいられなくなっている。法の仕組みを知識として正しく理解する必要性はかつてないほど強まっているといってよい。法教育には、こうした時代の要請に応える大切な使命も託されている。だが、知識の習得以上に重視してしかるべきは、何のために、誰のために法が存在するのかについて想像力をめぐらす根源的な思考態度の涵養であろう。正義を追求するには、そうした態度は不可欠なのである。

法の役割を考える

むろん、社会が複雑化することにより、何をもって正義というのかがますますわかりにくくなっていることは紛れもない。法は人間を中心に置いているのだから、「人間の尊厳」を中心に据えて正義を追求していく方途にさしあたっては誤りはないのだろうが、厄介なのは、人間という概念そのものが複雑化していることである。女性、子ども、障害をもつ者、高齢者、外国人、難民、ホームレス、民族的少数者といった、これまで社会のなかで力をもちえなかった主体群が、抽象的な人間という言葉の中身をダイナミックに書き換えつつある。法教育を受ける子どもたちには、そうした多様な人間存在が社会を豊かに発展させる源であること、そしてなにより、多様な人間たちの共生を可能にするにあたって法が決定的なまでに重要な役割を果たしうるのだということをぜひ体感してもらいたいと思う。法教育とは、その意味で、まさに社会を知り、社会とのかかわりを実感する場ともなっていこう。

社会といえば、いまや私たちの住む世界は国境の内側に閉ざされているわけではない。なかでも、人権、環境、経済などにかかわる国際的な法制度が私たちの生活に及ぼす影響は一昔前とは比べものにならないほどに大きくなっている。法は国境の内側で完結するのではない。国境を超えて通用するルールと日本のルールとの関係性について考える機会もぜひ確保してもらいたいと念願している。

たとえば二〇〇六年一二月に国連総会で障害者権利条約が採択されたが、この条約に参加することで、日本における障害者の権利保護状況に変化がもたらされることは必定である。障害や差別についての斬新な定義づけ、分離教育から共生教育への移行などが明文で求められている。これらは単なる掛け声なのではない。厳然たる法的義務である。多くの当事者が直接に参加してつくりあげたこの条約は、障害者をめぐる国際的正義の相貌を投射するものにほかならず、世界の一員である日本の法もまたこれによって相応の変化を強いられていくのである。こうした地球社会のエキサイティングな動態に接することで、世界や法に対する子どもたちの関心もいっそう深まっていくのではないか。

可能性としての法科大学院

法教育には、裁判所、法務省、弁護士会などに属する多彩な法曹実務家が参画し、その精錬された知見を実践の現場に提供してきている。そうした情景を横目で見ながら、では大学には何ができるのか、という問いを思い浮かべずにはいられない。

大学といっても一様ではないので私の勤務する大学を例にとると、法についての教育・研究を専門的に担っている機関は法学部、大学院法学研究科、法学研究所、そして法科大学院（大学院法務研究科）の四つである。法律学担当教員もこうした機関に集中しており、なかでも「理論と実務の架橋」という制度的使命を帯びて誕生した法科大学院は、中学校などでの法教育にも理論・実践両面において少なからぬ貢献をなしうるように思う。

二〇〇四年四月に発足した法科大学院はいまだ揺籃期にあるといってよく、先行きに不透明なところも多々あるが、地域に根差す教育研究機関として、法教育への協力は今後とも継続し拡充していくことが望ましいと考えている。法廷教室など関連施設の提供はいうまでもなく、未来の法曹たる法科大学院生も巻き込みながら、魅力的なフロンティアである法教育との関わりをどのように推し進めていくべきかについて、さらに検討を深めていきたい。

7　いまこのときにある未来

「もう一つの世界」戦略

二つの世紀を架橋する現在は、市場原理と力の論理からなる一元化された価値が強引に世界に押し広められた時期として記憶されることになるのだろう。批判的言説が驚くほど衰退してしまった日本のマスコミ・論壇は、こうした潮流を運命視する論調で溢れかえっているが、企業＝投資家に主権国家以上の特典を与える多国間投資協定（ＭＡＩ）の試みや米英による剥き出しのイラク侵略が露呈したように、グローバル化の潮流は、紛れもなく特定の勢力によって意図的に誘導されてきたものにほかならない。

国際システムは、客観・中立を装う法言語を前景化させながら、その実、大国と多国籍企業の利益を優先的に擁護する政治的機能を担ってきた。冷戦終結後その位相はますます強まっているのだが、他の規範システムがそうであるように、国際システムもけっして一貫性をもって固定されてきたわけではない。そこには数多くの矛盾や隙間が存在している。大国／企業中心主義の下で周縁化を余儀なくされた市民／民衆／人間たちは、そうしたスペースを戦略的・選択的に活用することにより、規範的に割り当てられた状況とは異なる現実を創出する営みを粘り強く続けてきた。醜悪な「帝国」が国際システムのすべてを強奪しようとしているいまも、こうした人間たちの戦略的行動は、終息するどころか、ますます先鋭化の度合いを強めている。地球上のいたるところで、「もう一つの世界」への回路を切りひらく巨大な社会運動が、平和と民主主義の理念を掲げ、そのしなやかな形姿を顕現し始めている。帝国への道が舗装されるのと同時並行的に進行するグローバルな社会空間の変容を背景に、「もう一つの世界」がダイナミックに構築されつつあるといってよい。

未来の芽

近代の思考を根底で支えてきた二分法を解体し、現行システムの脱構築を激しく求める思想的潮流が「もう一つの世界」への有力な導きの糸となっている。

米国の傍若無人な行動に不安定化を余儀なくされる国際法の世界でも、国家／非国家、平時

／戦時、公／私、刑事／民事、客観／主観、主体／客体といった二元的な思考法からの脱却が促され、システムの市民＝人間化を推進する契機が増大している。特に、法の形成と適用のあり方を、「他者」の視点に寄り添って紡ぎ直す実践的営みにより、国際法の境界が多様な価値・経験に向けてひらかれ始めていることは特筆される。それは、大国の男性支配エリートが国際法を「帝国の法」に変容させようとする力学とはまったく対極に位置するものである。

やがて崩落する帝国への道の先に出来する地球社会の法の風景は、このように、すでにそこかしこで微視的ではあっても確然と描かれ始めている。いまこのときにあるその未来の芽を、しっかりと見つめ、豊かに育んでいきたいものである。

Ⅵ

同時代を読む

抗《あらが》う思想／平和を創る力

横田洋三『日本の人権／世界の人権』（不磨書房、二〇〇三年）

国際人権法の研究を始めてまだ間もない、文字通り一介の（そしておそらくは不遜な）大学院生にすぎなかった私のような未熟者の発する愚問にも、柔和な笑顔をもっていつも誠実に応答してくださった著者の人権観が、本書の全篇を彩っている。「人を別け隔てなく平等に扱うこと」、「誰にでもやさしく思いやりをもって接すること」。それが人権の本旨とされる。なにより「人権は人を解放し、人を生かし、人を幸福にする」。

著者が初めて留学生として渡米したのは一九五八年のことだという。私（評者）の誕生年でもあるせいか、思いもよらず記憶に残ってしまったが、以来、四五年以上の時を経て著者は今も「進化」し続けている。法科大学院で国際人権法等を講じながら、国連人権小委員会委員、ＩＬＯ条約勧告適用専門家委員会委員、国際法律家委員会（ＩＣＪ）委員、さらには国連大学学長特別顧問を務め、その一方で執筆面での活動も絶えることがない。とりわけここ数年は、国際法や国際機構法の教科書編集等において際立った成果が見られる。他方で、一般市民向けの活動も大切にする著者は、「人権教育啓発推進センター」の月刊機関誌『アイユ』に、人権に関する平易なエッセイを連載してきた。その一群のエッセイと、学生・市民向け講演録三篇を、六つの章に分けて編纂したのが本書である。数多くの興味深いエピソードを交えつつ、人権の根底に流れる心の問題と、人権の普遍的価値の重要性が解き明かされ、「普通の市民」に向けて人権の日常的実践を促す、すぐれた啓蒙の書となっている。「だれにでも理解できるように表現するように心がけ」て編まれただけあって、軽快な筆致の本書は実に読みやすく、わかりやすい。といって平板なわけではなく、多面的な読み方を可能にする様々な思考の泉が随所にちりばめられてもいる。ここでは、それらを網羅的に紹介するのではなく、本書の趣意を踏まえ、二つの点に絞って管見を申し述べることにしたい。

まず第一に、本書では、人権のやさしさが繰り返し強調されている。ここでいう「やさしさ」とは、漢字を用いれば、易しさと優しさの双方を含み持つ。人権は難しいものではなく、「他人に対する思いやり」を実践することによって日々実現できることが説かれる。人権は専門家の占有物などではなく、怖いものでも、窮屈なものでもない。重要なのは人間性であり、心の持ちようである。家にいるときも、電車の中でも、職場でも、あらゆる差別を否定し、思いやりをもって人に接すること、それが人権であり、それがあらゆる生活領域で実践される（＝「人権の主流化」）ことで、だれにとっても居心地のよい世界が導かれるという。

本書は、一般市民向けの書である。それだけに、人権にまつわる強面のイメージを払拭し、市民と人権の距離を近づけることに心が砕かれていることがこうした叙述からはっきりと伺える。人権の研究を志す大学院生に「人権はこわいから私はやらないことにしている」と否定的に応対した著名な国際法学者の例を引き合いに出しながら、だからこそいっそう人権の楽しさにアクセントをおいた言動を心がけるべきことが指摘されていることも印象深い。

第二に、本書では、人権が普遍的であることの意義が強調されている。平和と人権への強いコミットメントをもつ著者は、国際法を国家中心の枠組みから解き放ち、「人間の生活に役立つものに変えていかなければならない」と説くのだが、その際、念頭におかれる人間は日本人だけではない。世界のすべての人である。これは、国連人権委員会特別報告者などの立場において、世界各地の人権問題に深く関わってきた経験から発せられる言葉といってよい。

この観点から著者が特に批判しているのは、二〇〇二年五月に起きた中国・瀋陽日本総領事館駆け込み事件への対応である。この事件は人権問題そのものであったのに、当初、国家主権の問題としてしか語られなかった。それは何より、私たちが日本人の人権しか考えていなかったからだとされる。「人権というのはまず人間としての連帯の気持ちが基礎にあって」、「国籍が違い、人種が違い、宗教が違っても、同じ人間が、あんなひどい目に遭っていいのだろうかという気持ちをもつこと、それが人権の出発点だと思う」。この連帯の精神をもって、私たちは、日本の外にある人権問題への想像力を広げていくべきなのである。

以上の二点は、いわば市民の蒙を啓くための指摘ではあるが、しかし、同時にそこには、人権にかかわる日本の専門家への強い批判が込められていることも見落としてはならない。たとえば第一点の「やさしさ」に関連して、本書は、「憲法、刑事法、国際法などの法律学者や実務家、さらには人権を扱う市民団体の人や人権活動家が……自分たちだけで分かる人権の議論をして自己満足する」ことに警鐘を鳴らしている。著者のいうように、二〇世紀が人権の世紀たりえなかった背景には、条約や制度への過信、つまりは難解な法技術的練磨を競い合うことに満足を見出し、市民への働きかけを十分に行ってこなかった専門家のあり方が大きくあずかっていた。「専門家はもっと人権を身近なものにするように、一般の人に語りかけていく必要がある」という批判に、私も自戒の念を込めて同意する。

また、第二点の人権の普遍性について、著者の脳裏に深く刻まれているのは、日本の人権専門家が日本の問題にしか関心を示さないことへの失望感である。人権小委員会には日本から毎年多くの人権専門家がやってくる。けれども、その多くは、日本の人権問題が終わると議場を去っていってしまう。そしてそうした人びとからの情報だけが日本のメディアを通じて伝えられるため、日本以外の国の人権問題が議論されているという事実がほとんど知られないままになってしまう。人権問題の認識について、日本と世界のギャップがそこから生まれる。このことに、著者は憤りを隠さない。だからこそ、最終章にある「国際人権大学院設立への期待」において、世界を舞台に活躍できる人権専門家の養成に望みが託されるのである。

このように、本書は、市民にとっての「啓蒙書」でありながら、他面においては、人権を囲い込み、国外の人権問題に無関心な日本の専門家への「批判の書」としても立ち現れている。そこに、本書の大きな魅力があり、また私たちが学ぶべき重要な視点があるように思われる。ちなみに第四章では、「人権の主流化」に向け、家庭、学校、大学、「お役所」、職場、企業、病院、文学と人権との関わりが批判的に論じられているが、特に大学に籍をおく身には、ジェンダー平等を含め、大学における人権の伸長に毅然と取り組むべき必要性を痛感させられる。

＊　＊　＊

本書には、著者の人権への思いが横溢しており、触発されるところがとても多い。「普通の市民」に向け、人権の実践を呼びかける所期の目的は十二分に達成されている。それだけでなく、人権の専門家にとっても改めて気づかされる貴重な指摘が挿入されており、学ぶべきところが少なくない（国連総会第一会期においてなぜ女性のエリノア・ルーズベルトが活躍したのかについての背景説明などは実に面白い）。その上で、しかしさらに踏み込んでいえば、私は、人権を心の問題に還元する思考には、もう少し慎重であってもよいのではないかという印象を持ったことを告白せざるをえない。一人一人が人権について考え行動する重要性はむろん否定しない。けれども、人権を心の持ちようだと断ずることにはためらいを覚えるのである。たとえそれが、「人を幸福にする」ものであったとしても、である。

むろん、優しさや思いやりを持つことで人間間の交流が促進されることは確かである。そのことを否定するつもりはない。しかし、それが人権なのだろうか。人権とは、むしろ、社会の最も重要な価値として、私たちの心のありようとは別次元で確保されるべきところにその本質が見出されるのではないのか。

人権問題は、不均衡な力関係の下で生じるのが典型である。国家と市民の関係がその代表例だが、大企業と市民の関係も基本的には同様であろう。このほか、大人と子ども、男と女、異性愛者と同性愛者、国民と外国人、障害を持たない者と持つ者、といった関係性が人権問題、とりわけ差別の構造的温床になっていることはいうまでもない。こうした不均衡な関係に起因する人権問題——その多くはこうした関係が複合して生じている——については、単に「他人に優しくなる」だけで事は解決しない。構造そのものが問題だからである。人権の実現には、不均衡な関係性の是正と制度の変革が欠かせまい。そのためには、「心」の域を超えて、政治的・社会的闘争に訴えざるを得ない局面もありえよう。いやむしろ、人権とは結局のところそうして闘い取られてきた人類の誇るべき成果であり価値なのではなかったか。そうだとすれば、「他人への優しさ」に問題を収斂するのではなく、「社会・制度のあり方／社会・制度とのかかわり」を実践性・想像性豊かに描き出すことこそが人権について語る際の要諦になるべきではないのか。

もとより本書は、人権の歴史的展開に言及した第二章に明らかなように、このような認識をあらかじめ織り込みずみではある。また既に触れた第四章では、学校や病院、役所などで顕現する人権問題が取り上げられ、そこでは社会における不均衡な力関係の中から生じる人権問題の風景が丁寧に描かれてもいる。ただそうではあっても、本書の重心が「心」（他人への思いやり）に置かれていることには変わりなく、それだけに、歴史的に構築された人権の実相に照らしていくばくかの疑問を禁じえないのである。闘争の側面を前景化させると「人権は怖い」という心象の拡散につながり、市民と人権の距離がいっそう開いてしまうことを著者は恐れているようだが、果たしてそうだろうか。人権を心のありように還元することで、人権問題を生み出す構造的側面が茫洋としてしまうことはないのか。こういった点につき著者のさらなるご教示を得たいところである。

最後にもう一点。本書は、人権の分野で（国際的に）活躍できる人材を多く送り出す環境を日本でも整えるべきことを訴えている。日本の内の人権問題も外の人権問題もともに人権問題であることには変わりない。国際人権法は、地球上のすべての人間の尊厳の確保を目指すものであり、そうであればこそ、日本を研究・活動の拠点とする私たちも、グローバルな視野の下、より多くの人権問題に関わって行く意欲を持つべきことは論をまたない。少なからぬ法科大学院に国際人権法の講座が設置されたことは歓迎されるが、その中で取り扱われる人権は日本の内に閉ざされるものであってはなるまい。「日本で問題となる人権侵害は世界でも問題にならなくてはならない。また逆に、世界で問題となっている人権侵害は、日本でも問題にならなくてはおかしい」。著者のこの指摘は、日本の国際人権法教育に「日本の人権／世界の人権」という視点をきちんと組み入れることの大切さを思い起こさせてくれる。そのことの重要性は、どんなに強調しても強調しきれるものではない。

中国人戦争被害賠償請求事件弁護団編『砂上の障壁――中国人戦後補償裁判10年の軌跡』（日本評論社、二〇〇五年）

一九九一年夏、金学順さんが元「慰安婦」として公に名乗り出て以来、歴史の闇に葬られていた無数の不正義が堰を切ったかのように私たちの眼前に立ち現われた。日本社会における「過去の克服」が本格的に幕を開けたのだ。本書は、その営みの中核を担ってきた中国人戦後補償裁判の闘いの軌跡を同時代的視点に立ってダイナミックに描き出したものである。被害者の前に幾重にも立ちはだかる頑強な法の壁が当事者たちの激しい闘いによって突き崩されていく様は、法を学ぶ者にとってこの上なく刺激的で、知的興奮を誘わずにはいない。

中国人戦後補償裁判は一九九五年に始まった。被害認識に正統性を与え、それを責任追及という行動に転化させる原動力になったのは、北京の青年法学者・童増の学術研究であり、南京虐殺を否認する永野法相（当時）の発言に強い憤りを覚えた日本の弁護士たちや中国人弁護士たちの専門的支援であった。こうして南京虐殺・七三一部隊・無差別爆撃、性暴力被害、平頂山事件、毒ガス遺棄、強制連行・強制労働といった訴えが次々に提起されていくことになる。

中国人戦争被害賠償請求事件弁護団編『砂上の障壁──中国人戦後補償裁判10年の軌跡』

こう描くと、被害者たちが政府を裁判の場に引きずりこんでいるように思われてしまうかもしれない。表面的にはそのとおりなのだが、実質的な意味合いは全く逆であることを知っておいてよいだろう。これほど政治的影響が大きい事件については交渉で妥協をはかることは考えにくいが、それ以上に、政府の側にはそもそも裁判で負けることはないという「読み」があったと考えられる。第一に政府は、事実の証明に資する文書を隠し続けることで、立証作業を自らに有利に運ぶことができた。第二に政府は、個人の国際法主体性、国家無答責、除斥、請求権放棄など、訴えを退けるために援用しうる諸法理の解釈に強い自信を持っていた。裁判所が政府に有利な法操作をする確信といってもよい。被害者の主張を裁判所に退けてもらえれば、自らの不作為に法的なお墨付きが与えられる。だからこそ政府は、交渉を拒み、裁判で争う姿勢を崩さなかったともいえる。

本書を執筆した弁護団は、もちろん、こうした事情を十二分に承知して裁判に臨んでいる。そこで、事実認定については、歴史学者の精密な研究と被害者本人の具体的な証言を積み重ね、「圧倒的な迫力のある事実」を裁判所に突き付けていくことに力が注がれた。強制連行の実態を描く「幻の外務省報告書」の存在がNHKの報道を通じて明るみに出されたことは、被害者側にとってなによりの福音であったろう。「圧倒的な迫力のある事実」は、被害者救済のために法を動員すべき心性の変化を裁判官の内にもたらす。「判決を書くときには手が震えたが結論に迷いはない」。福岡地裁で加害企業に初めて勝訴判決を下した裁判官は、判決後そう述べたという。事実が裁判官を変え得た証にほかならない。

法解釈の闘いにあたって弁護団が同時に精力を傾注したのは、法律家の「常識」を疑い文献を徹底的に渉猟することであり、また、法的正義を追究する研究者たちと協働作業を遂行することであった。本書を読むと、国家無答責の法理が砂上の楼閣にすぎないことを白日の下にさらすうえで芝池義一教授（行政法）の果たした役割が決定的に重要であったことがわかる。また、国家無答責とともに除斥や「安全配慮義務」の解釈を被害者側に有利に展開していくうえで松本克美教授（民法）の果たした貢献がいかに大きなものであったのかがよく理解できる。

戦後補償裁判は現在進行形であり、請求権放棄論の行方も含め、その位相は刻々変化している。下級審の適切な判断が上級審で退けられることも少なくない。にもかかわらず、被害者の勇気と弁護団の果敢な働きかけにより、数々の歴史的不正義が司法の場で事実として認定されるようになっている意味合いは小さくない。裁判所による被害事実の認定は、歴史の改ざんを阻止する重要な重石となる。また、被害者の尊厳の回復を促し、加害者側との「和解」への回路を構築する導きの糸にもなりうる。結果として敗訴になった事件であっても、裁判所が行なう事実認定には法廷の枠を超えた大きな社会的意義が伴う。本書はこの点にも的確な認識を示している。

戦後補償裁判は、被害者のためだけでなく、日本自身のためのものでもある。「過去の克服」なく、隣国の人々との信頼関係構築はありえない。未来を真摯に眼差す弁護団の気概と息遣いに触れ、心の奥底を揺さぶられる思いである。

最上敏樹『国境なき平和に』（みすず書房、二〇〇六年）

善悪をきれいに二分する思考方法や絶対的な正しさが絶対的な悪を滅ぼすという世界観にまみれた時代状況の中で、非陶酔的な精神の大切さを敢然と訴え続ける著者の端正な知的たたずまいが、自己抑制の効いた卓抜した表現技法を通じて迫ってくる。人々を狂信や不寛容にかきたてる絶望的な事態を前にしてなお「にもかかわらず」の思想をもって思索の環をつなぐ著者の姿勢に、知識人としての生を自覚的に生きる者の廉直さを感じずにはいられない。

「正義の武力行使はあるか」という副題を伴って二〇〇一年秋に世に送り出された『人道的介入』は、高度に精錬された著者の作品群の中でもすこぶる広い読者を獲得したもののひとつだろう。「罪もない人々がたくさんなぶり殺されているようなときに、果たしてわれわれはそれを救うために武力を行使できるか」という根源的問いに挑んだ同書を前に、私たちは「誰が正義をおこなうのか」という問題への解を期待しがちであった。だが、そうあってはいけないのだと著者は本書で箴言する。「人道的」と銘打たれようと、戦争である以上、殺人であることには変わりない。それ自体、正義足りえないのだ。

それでも介入せざるをえないのであれば、行き着く問いは「誰が罪を引き受けるか」でなくてはならない。ヒトラーの暗殺計画に加担して失敗し処刑された絶対平和を信奉する神学者（牧師）のおかれた窮境の緊張状態になぞらえて、著者はそれをボンヘッファー的状況と呼ぶ。『人道的介入』の基底に、回避できぬ罪に対峙したそのボンヘッファーの信仰的緊張が漲っていたことを著者は粛然と告白する。

過去二〇年ほどの間に発表された論考・エッセー・講演録を精選して収録する本書の最大の魅力は、そうした「告白」の部分にある。国際法や国際機構論の研究者として重厚な言論活動を展開してきた著者の思想的・信仰的淵源のありかが随所に描き出されている、というべきか。もとより、「良心的兵役拒否国」や国連改革にかんする論考など、未来への導きの糸としての輝きが初出から一昔以上経てまったく失われていないのは、世の中が進歩しないという以上に、著者がいかに透徹した眼差しをもって時代を見つめてきたのかの証にほかならない。そのことに感銘を覚える向きも少なくないだろう。だが本書の格別の重みは、気鋭の学徒・最上敏樹を創り、支えてきた深層構造の断面がここかしこに映し出されているところにこそある。そしてそれは、短文のエッセーや講演録にとりわけ顕著である。

『人道的介入』を執筆していたとき、絶えず頭を離れなかったのは第二代国連事務総長ダグ・ハマーショルドならどう言っただろうか、という問いであったという。著者の人生は、高校時代に手にしたハマーショルドの日記『道しるべ』によって決定づけられた。運命を分かつその書との邂逅は、偶然でありながら必然の帰結でもあったのだろう。本書の掉尾を飾るエッセー「バッコクラの残影」では、ハマーショルドを心から敬愛する著者の思いが美しいばかりの神的情感を湛えて叙述されており、ことのほか印象深い。

国連事務総長と国連平和維持活動の意義を論じて著者の右に出る者はまずいないだろうが、それは、この二つのことどもに誰にも負けぬ強いこだわりを著者自身がもっているからでもある。そのこだわりの原点ともいうべきものが「世界で最も不可能な仕事」を追究したハマーショルドの姿にあったことは想像にかたくない。だが著者にとっての第二代国連事務総長は、ただ単に研究上の道しるべにとどまったわけではない。「僕はハマーショルドから逃れられそうにないね」。そう言って訪れたスウェーデンの小村バッコクラの丘には、不帰の主を待つハマーショルドの夏の棲家が凛とした静謐さを漂わせていた。傲慢さや自己憐憫、怯懦や取るに足らぬ自尊心といったものを徹底的に排除し、自己滅却によって「魂の彫琢」を続けたハマーショルドの生は、著者の追い求める生そのものなのでもあろう。本書を読み終えて、なによりそのことを思った。

どんな困難な時にも「時代の冷笑」を拒み、希望をつなぎ続けたハマーショルドがそうであったように、著者の言葉には、希望への回路が常に紡がれている。「懐疑」から始めながらも、「ささやかではあれ本質的な意味をたたえて存在する希望のよすが」に目を向けることを著者は怠らない。それは、ハンナ・アーレントの言う「世界への愛」にも連なる。自己犠牲の精神をことのほか大切にしながら、「勇気ある怖れ」を持って複雑さの中に踏みとどまり、理想に対する執念をけっして失わぬ著者のような先達と同時代を生きられることに、学問領域を同じくする者として、この上ない喜びと深い感謝の念を禁じえない思いである。

ダグラス・ラミス『憲法は政府に対する命令である』（平凡社、二〇〇六年）

「天皇又は摂政及び国務大臣、国会議員、裁判官その他の公務員は、この憲法を尊重し擁護する義務を負う」。本書の表紙には、日本国憲法第九九条の条文がいまにも飛び出してきそうな勢いで描かれている。

憲法の本質は「政府」に対する命令なのだということがそこに含意されていることはいうまでもない。そんなことは誰でも知っているはず、と思い込んでいたのだが、改憲論議が進むにつれて、実はそうではないことが分かってきた。とりわけ立法者である国会議員、それも政権与党の政治家の間では、憲法があたかも「国民」に対する命令であるかのように説かれることも少なくない。そういえば、小泉純一郎が憲法前文の国際協調主義を、あろうことか自衛隊の海外派兵を正当化する根拠として持ち出したことも記憶に新しい。吉田司はこれを前文の「剽窃」といっているが、まさしくそのとおりだ。こうした、底が抜けてしまったような倒錯した解釈は、憲法という規範文書が人類の長い歴史の積み重ねの上に成り立っているということを忘却の彼方に放り出してはじめて可能になるものなのではないか。教養や

「知」というものをいささかなりとも大切にする気持ちがあるのなら、とても公言できない代物（解釈）ではある。

　九・一一から五年目を迎えた二〇〇六年のその日、記者会見において官房長官は、「米国の武力行使自体は正しかった。日本が米国を支持した判断は間違っていなかった」という考えを披瀝した。事ここにいたりなお現実を直視できぬその強弁ぶりには、自らを絶対善と信じて疑わぬ「裸の王様」の悲哀がこのうえなく強く感じられてならないが、そんな御仁が新たな政治指導者になったからといってただちに憲法を変えられるわけがない、などとのんびり構えていると大変なことになりかねない。日本国憲法には、改正の手続きが書かれている。そして、「憲法を最後まで食べてしまいたい狼は『今だ！』と考えている」のである。「憲法が抜本的に変われば、日本が抜本的に変わる」。だからこそ私たちはいっそう真剣に、憲法とはどういうものなのか、その歴史的意義と政治的本質をこの際、精確に見極めておくべきだろう。

　本書は、憲法改正論議に望まれる「本気の議論」に供されることを目的に、政治学の知見をふんだんに駆使して編まれたダグラス・ラミスからの最新の贈り物である。前著『日本は、本当に平和憲法を捨てるのですか？』（平凡社）が第九条擁護の姿勢を前景化させていたのに対し、本書では、現行憲法全体の相貌を浮き彫りにする手法がとられている。憲法を改めるかどうかを議論する際に心に留め置くべきポイントが一一章に分けて奥深く、しかし平明に論じられている。ラミスは物事の本質を照射する天才だと思うが、本書でも、いつものようにその類まれな才が縦横に発揮されている。

日本国憲法を改めるべきと主張する論拠の一つは、憲法の出自が占領軍からの押しつけにあったというところにある。だがラミスがいうように、憲法とはそもそもが押しつけるものにほかならない。政府の権力・権限を縛ること、それが憲法の本旨なのであり、だからこそ政権の側にとってみれば、憲法とは常に不自由さの淵源であり、押しつけ感を満載したものとなる。問題は、誰が憲法を押しつけたのか、ということだが、この点に民衆と憲法との結びつきを考える重要な環があることを本書は丁寧に説き明かす。

憲法は占領軍が日本の民衆と共に政府に押しつけたもの、というのが歴史の紛うことなき真実である。そしてそれと並んで重要なことは、憲法がその後の市民の日常的な政治実践を通して獲得されてきたという事実である。たしかに天皇主権を克服し、女性の政治参加を実現し、地方自治体の自治権を具象化したのは民衆の絶えざる働きかけであり、その意味で、憲法は制定の瞬間に押しつけられたという以上に、民衆の行動によってその押しつけを実質化された側面が強い。憲法と民衆とをつなぐ架け橋は講学上は「社会契約」と表現されるが、「護憲運動は日米政府の圧力とＰＲに耐えながら半世紀以上続いてきた。その過程によって、日本の市民が『社会契約』を結び、憲法を自分のものにしてきたとはいえないだろうか」というラミスの言にまったく同感である。

いうまでもなく、そうした過程の堆積が、憲法前文にいう「われら」を創り上げ、国のかたちや人々の生活のあり様を規定してきたのでもある。憲法は、いまや「文書として……だけでなく、すでに社会に埋め込まれている」といってよい。それだけに、そうした憲法を根底から改編しようとする現下の政治的企図は、単なる条文の改定にとどまらず、日本社会の姿自体を大きく変えることにもなる。それは、憲法改正の域を越え、「新憲法」の制定であり、「社会に対する攻撃」そのものであるとラミスは強調する。「多くの人びとの習慣となった生き方……が異端となり、許されなくなるかもしれない」。まるで自分自身の将来を予示するかのようにラミスは警告する。改憲論議にあたっては、「社会のなか、自分自身の精神構造のなかに組み込まれている、constitution としての日本国憲法が、改正によってどう変わるか、ということも考える必要があるだろう」。

本書には、ラミスの言論活動の拠点になっている沖縄の視点も随所に織り込まれている。沖縄が復帰したのは「日本の平和憲法の下に」であったとすれば、憲法がその基本的たたずまいを変えてしまうとき、もはや沖縄は日本にとどまる必然性を失ってしまうのかもしれない。戦後六〇年どころか半永久的に米軍基地を押しつけられようとしている沖縄の人々にとってみれば、改憲（新憲法制定）により平和主義の真髄が葬りさられることは、「われら」の中に引き続き踏みとどまるべきかどうかを再考する重大な契機にほかなるまい。

周囲を見渡すと、ため息を誘う風景ばかりが広がっているように見えるけれど、本書にはそんな「公的絶望状態」から脱却する方途も示されている。「人びとが一緒に活動し始めると、そこにパワーが生じる」。何らかの理由で始まった人びとの活動が他の人に希望を与え、その連鎖により「民衆の力」は「現実的なパワー」に転化する。そうした現実が生起しうることを、人類の歴史はたしかに実証してくれているではないか。むろん「社会を揺らす政治運動は稀にしか起こらない」。しかし「潜在的な可能性としてはいつでも存在するのだ。その潜在的な可能性がいつも裏にあるということが、もっと小規模の社会運動の力にもなる」。そ活動的な「公」をそこかしこに創り出すことで、社会の変革をもたらす可能性が広がっていく。現実と切り結んだその希望を、しっかりと心に刻んでおくべきだろう。

武藤一羊『アメリカ帝国と戦後日本国家の解体
――新日米同盟への抵抗線』（社会評論社、二〇〇七年）

前略　武藤一羊 様

対談も含め、一五篇のご近稿が収録された本書から、多くのことを学ばせていただきました。「はじめに」に記されているように、「ほぼ三年半に一度論文集を出してきた」という溢れんばかりのエネルギーには畏敬の念を覚えずにはいません。「民衆自身が現実である」という強い信念をもって、社会を覆い尽くさんばかりの圧倒的な不条理に粛然と正対する武藤さんの生き様に、心を揺り動かされる思いでいます。

ご自身が解説しているとおり、武藤さんの追究してきたテーマは「アメリカの世界支配」、「戦後日本国家」、そして対抗勢力としての「社会運動」の三つに集約されますね。時代がどう動いているのかを、これら三つのテーマに依拠して定点観測し、民衆による介入の条件を探り出そうとする動態的な姿勢こそ、武藤さんの言論活動の最も魅力的なところでしょう。

本書でもこれらのテーマが三部に分けて精細に論じられているのですが、感想めいたことから申し上げれば、第Ⅱ部に収められた「生成の場としての廃墟」が私にはことのほか印象深く感じられました。分量的にはさほど長くありませんが、読後の余韻は不思議なほど長く感じられました。あまりにもささくれた現実のなかに身も心も埋没した日々を送っているからなのでしょうか、「ムンバイ世界社会フォーラムから」という副題のついたその論考から伝わる武藤さんの歓喜溢れる興奮の様子が、まるで待ち焦がれていた私自身の興奮であるかのように感じられたのです。

一九九九年にシアトルで始まった大規模な民衆行動の合流地点である世界社会フォーラム（WSF）を、武藤さんは豊かな知見に裏打ちされた「直感」をよりどころに、「歴史的な反撃の始まりの形」と評しています。なかでも、ポルトアレグレと違って「ムンバイWSFは代表・表象として民衆にかかわるだけでなく、それ自身が直接に民衆の現実」となり、また、まっさらな「更地」ではなく、過去の躯体が自己主張する「廃墟」を創造的に変容させてその場が構築されたことに、格別の意義を見出しています。

民衆は単に表象の対象にとどまるのではなく、それ自身が現実／状況を担いうるのだという思想は、第Ⅲ部の「民衆が動かなければ戦争ができない」と題する論考にヨリ鮮明に見て取れます。ここでは、民衆のパワーに関心を払わぬUNDPの「人間の安全保障」観が根源的に批判され、境界をまたぎ越す「民衆の安全保障」という考えが沖縄の「命どぅ宝」に引き付けて説得的に論じられています。支配的な人間安全保障言説に対しては、一般に、軍事力や市場原理への警戒感が希薄すぎるという批判が向けられてきていますが、民衆を主体において批判的言説を組み立てるところに武藤さんの議論の妙があることはいうまでもありません。

「更地」と「廃墟」についてですが、いずれもとても大切な言葉だと実感しました。私なりに感じ取ったことを少々敷衍させてください。ウォーラースタインの分析を踏まえ、武藤さんは、ＷＳＦを「もう一つの世界」をめざす第二波社会運動の最も目立つ波頭と位置づけています。要約すると、こういうことでしょうか。第一波は一九世紀後半に始まり九〇年代に幕を閉じた世界社会主義運動で、そこでは、「国家をとれ」という命題が追求された。これに対して現在は、微視的な権力関係に敏感な一九六〇年代のラディカリズムを源流とする第二波のただなかにある。しかし第二波には名前もないし、名前が必要なのかもわからない。ただ、それが民衆の自己統治を原理的基盤とする「もう一つの世界」を求める運動であるということは、はっきりしている。

第二波社会運動が標的としている資本のグローバリゼーションは、グローバル複合権力を軸に推進されてきていることは確かだとしても、国民国家がいまだに最高の公式機関であることには変わりなく、正統性と強制力を具備した国家ぬきにグローバリゼーションは成立しない。だがその国家は、自己完結的な存在ではなく、グローバリゼーションの結び目に組み込まれてしまっている。そうであるだけに、第二波社会運動は、グローバルな変革を国民国家の変革とどのように媒介させるのかという難題に直面せざるをえない。武藤さんはこのように論を展開しているのですが、まったくもって同感です。世界の民衆にとってみれば、「恐怖の文化」と新自由主義に飲み込まれた国民国家も世界も、もはや廃墟に等しくなってしまったのかもしれません。けれども、変革はまっさらな更地を舞台に成し遂げられるのではなく、廃墟こそをいかに創りかえるのかが重要なのだということを改めて考えさせられました。

さてそこで、日本国家です。順番が逆になってしまいましたが、本書ではまず第Ⅰ部で日本のありようが歴史的・国際的視座を踏まえ截然と論じられています。武藤さんは戦後日本国家が、「相互に矛盾するが、それでいて互いに凭れかかりつつ作用する三つの構成原理」の絡み合いで成り立ってきたと分析しています。その三つの原理とは、「アメリカ帝国原理」、「戦前帝国の継承原理」、「平和主義」ですが、武藤さんはそれら「三原理が同じ資格と比重で並存していた」とは考えていませんね。「戦後日本国家は、アメリカ帝国内存在、アメリカ帝国システムのサブシステムとして作られた」ものなので、天皇制という大日本帝国継承原理も憲法の平和主義も、結局のところ「アメリカ製」にすぎないというわけです。

ただ、本書が強調するように、こうした現実は日本の支配層が選択した結果（＝日米合作）でもあり、また、平和主義についても、戦後日本社会がこれを再領有し、革新運動の依拠する価値体系の礎に据えたことから、他の二つの原理との間で強度の緊張関係をきたすことになりました。しかしこれは、対米交渉のスペースを確保するうえで日本の支配層には逆に好都合だったというわけですね。ところが、九〇年代に入ると革新勢力が政権内部への「参画」を通じ自己瓦解を進めたことから平和主義は急速に衰退。そして、米山リサさんの言葉も借りるなら、アメリカに全面的に迎合することで自らの劣性を超克できるという「モデル・マイノリティ」の思考様式を体現した小泉政権下での日米新同盟の構築により、戦後日本国家の姿は大きく変貌することになった。「戦後日本国家の解体」という刺激的な表題は、こうした一連の流れを集約的に表現したものであるということが第Ⅰ部の諸論考からよく理解できました。

ご指摘のとおり、平和主義亡き後に残される二つの原理は突き詰めれば相互に抵触をきたすものです。なにより、世界に「外部」のなくなった帝国が展開する際限なき「永い戦争」の先兵役として日本国家を改編することに、歴史的にみてどれほどの意義があるのでしょう。「美しい国」作りを進める先にどのような展望がひらけるのか、本書の提示する疑念と危機感を私も強く共有します。

武藤さんが示唆するように、歴史の試練に耐えうるのは平和主義にほかならないのでしょう。その平和主義は、それ自身が現実である民衆が境界を超えて鍛え上げていくべきものだという思いを確認できました。こうした思いを、私は国際法という廃墟（化が進む法制度）の変容を促すことによって具体化していきたいと考えています。それなりの体をとったときには、武藤さんにもご報告させていただこうと思っています。重厚な思想によって紡がれた本書に、大いに触発されました。そのことに、改めて感謝いたします。

草々

藤岡美恵子・越田清和・中野憲志編『国家・社会変革・ＮＧＯ』

（新評論、二〇〇六年）

自らの活動の拠り所であるＮＧＯの憂悶すべき現況を、身を切るような批判的眼差しのもとに見つめ直した、清冽な一書である。

二つの世紀を架橋するこの十数年は、ＮＧＯの存在が内外において強く刻印された時でもあった。高度の専門性を誇るＮＧＯの存在により、人権や環境、開発など多くの分野が美しく彩られる情景が世界大で広がっている。そのこと自体は、まずもって歓迎すべきものだろうと、素朴に思ってきた。しかし一人の市民として、この間、私の意識の奥底にはどうにも拭い切れぬ違和感が揺曳してきたことも否めない。

直截には、米国を中心とする諸国がアフガニスタンやイラクに強大な軍事力を行使し、圧倒的な力をもって占領を続ける事態に対して、ＮＧＯが沈黙にも等しい態度をとったことに首を傾げざるをえなかった。戦争という最大規模の人権侵害と環境破壊を前に、身を挺してこれを止めるどころか、むしろ、軍隊と「パートナーシップ」を組み、復興支援や平和構築という胡乱な雰囲気すら漂わせる言辞の中にその身を沈潜させてしまったところに得心がいかなかったのである。

ＮＧＯが国際的地位を著しく高めた時代は、世界が新自由主義と軍事主義というきわめて暴力的な思潮に染め上げられた時でもあった。国家間の平等と人間間の平等という現代国際法の根幹にも、激しい亀裂が走っている。核軍縮にしても、事態はますます深刻化するばかり。環境破壊も歯止めなきごとし。ＮＧＯの地位の高まりと、こうした時代状況の貧寒たる様とは、いったいどのように関係づけられるのか。ＮＧＯは、本当のところ、いったい、誰と、何をしてきたのだろう。

本書は、「民主化の使命」と市場主義が世界を席巻する時代状況にあって、ＮＧＯがいかなる役回りを演じているのか（演じさせられているのか）を、犀利な論理と冷徹な批判精神をもって詳らかにしている。NGOの可能性を徹底的に信じ、統治者ではなく、人間／民衆の幸せのためにこそNGOの力は振り向けられるべき、という信念が、全篇を印象深く貫いている。

日本政府が国をあげて力を注ぐ「人間の安全保障」を扱った最終章は、知のあり方にも議論を展開して、ことのほか刺激的である。産学協同よろしく、官学協同で推進されている人間の安全保障。軍事大国の行う侵略にも「対テロ戦争」にもまったく無力なこの言説の遠景には、相も変らず植民地主義が広がっている。その位相を、本書は仮借なく明らかにしている。胸がすくようなその分析は、しかしその一方で、御用化する大学の研究者への疑念も隠さない。「これまで日本で発表されている大学研究者の論考からは、政府・文部科学省主導による人間安全保障学の国策化現象そのものに対する批判的視点を読みとることができない……。重要なことは、官学協同の研究活動の推進に対する大学研究者自身の手による主体的で、批判的な〈研究〉が不問に付されている事態そのものなのである」。

本書は、NGOが原点としての批判精神をけっして忘れてはならないことを説いている。力のこもったその省察は、大学の研究者にとってこそ、挙措を正して反芻すべきものにほかなるまい。

中野憲志編『制裁論を超えて――朝鮮半島と日本の〈平和〉を紡ぐ』（新評論、二〇〇七年）

民主主義や人権、法の支配といった「普遍的価値」を掲げる「価値の外交」を通じてユーラシア大陸に「自由と繁栄の弧」を築く。それが、日本外交の押し広げる新たな地平だという。

「美しい国」の外交だけあって、さすがに美しい言葉が踊る。だがそれだけに、なんとも胡乱である。本書の編者・中野憲志が冒頭で警告するように、「言葉が抽象的で「普遍的」なものほど二重基準が派生する」。平和は戦争、構築は破壊。保護は殺戮――。精確にはダブル・スピークというべきだろうが、「価値の外交」なるものにはそうした禍々しさをそびき出す面妖な因子が溢れかえっている。

禍々しさといえば、多文化共生という言葉はどうだろう。北朝鮮（朝鮮民主主義人民共和国）／在日朝鮮人バッシングが執拗に吹き荒れる日本社会は、多文化共生のそよ風が心地よく流れる社会でもある。多くの自治体や民間団体、財界、総務省が声をそろえて多文化共生社会を称揚している。けれども不思議なことに、その議論には、在日朝鮮人への偏見・差別・暴力についての眼差しがまったくなく、アイヌや沖縄の問題にもまともに触れることがない。多文化共生とは自文化強制のことかと見紛うばかりである。

ベネズエラの民法テレビ局が電波使用許可の更新を認められなかった事態を前に、欧米の有力な人権ＮＧＯがアメリカ政府とともにチャベス政権批判に回ったことはよく知られていよう。報道の多元性を侵し、「表現の自由」を侵害する事態として描出されたその一件は、しかし、広瀬純が他所で解き明かしているように（「政党化するマスメディア」インパクション一五九号）、アメリカ政府や人権ＮＧＯの掲げる表現の自由が、いかにネオリベラルなイデオロギーに汚染された自由として性格づけられているかを浮き立たせるものでもあった。購買力を持つ市場の強者のための自由。それこそがネオリベラル秩序における人権論の精髄であり、そうした自由が、民主主義・法の支配といった近接概念と一体化し、「普遍的価値」として世界に広められている。そしてそのユーラシア隊列の最前線に日本の「価値の外交」がある。

「価値の外交」とは、ありていにいってしまえば、アメリカを中心とする先進国の政治経済エリートがＮＧＯを利害関係者に巻き込んで、産官学協働「知」を背景に世界大で推し進める〈新しい植民地主義〉の別表現とでもいえるだろうか。その後背をなすのが〈対テロ戦争〉を糧に肥大化する軍事力であり、いまやグローバル同盟と化した日米同盟がその中核に恬として佇んでいる。

そんな「価値の外交」に決定的に欠落しているものを名指せば、中野が最終章でいう「辺縁からの視点」ということになろう。この点は、在日朝鮮人らに加えられる不正義をまるごと関心の外に放り出す産官学製・多文化共生社会論にもそのままあてはまる。本書第１章で藤岡美恵子が鮮やかに分析するように、植民地主義を克服できず、「野蛮」対「文明」という二分法をいまだに引きずる日本社会の貧寒たる政治・思想状況が、外交・内政両面においてその醜怪な貌を恥ずかしげもなく押し出しているということなのだろう。

本書は、断続的にこの国に出来する北朝鮮バッシングに抗い、七人の論客が朝鮮半島と日本の平和を紡ぎ出そうと積み上げた思考の跡を描き出すものである。「辺縁からの視点」が、その基層をなす。最も印象的なのは、清冽な批判精神と知的廉直さに全篇が貫かれていることだ。「「本当のこと」なんて私（たち）には語れない。しかし、「できるだけそう努力する」ことならできそうだ。語る／書く言葉が、自己と他者、そして言葉自体を裏切らない。つまり誠実であることは、とてもキツイことである」。中野は、藤岡らとともに編んだ前著『国家・社会変革・NGO』を振り返り、そう述懐していた（「NGOと社会」創刊号）が、本書にも、「本当のこと」に迫ろうとする著者らの比倫なき気迫がみなぎっている。その果敢な営みに託されているのは、肯綮を外し、北朝鮮バッシングの助長する排外主義・自民族中心主義にひたすら沈黙を保つ平和・人権NGO、研究者たちへの裂帛の問いかけにほかならない。

「北朝鮮との向き合い方」と題する宋勝哉執筆の第3章は、軍事政権のもとで「内面化された反共意識」に呪縛されていた韓国社会が、北朝鮮への「内在的／批判的接近」を通し、その克服に向けた努力を本格化させる過程を描き出して、実に興味深い。北朝鮮ならずとも異文化を理解するにはこの接近方法は至極当然のものともいえるが、その至極当然の手法がまったく採用されえていないところに、日本社会に絶えぬ北朝鮮バッシングの淵源があることはいうまでもない。核兵器問題を取り上げて宋がいうように、「「側（サイド）の発想」ではなく、北朝鮮を「内在的」に理解し、かつ、そこに「批判的」接近を加えながら、「普遍性」の下に北朝鮮が開かれていく可能性を探ること」がいまほど求められている時はないだろう。

国家戦略としての制裁の政治あるいは北朝鮮バッシングそのものを超え、私たち自身の平和を紡ぐには、中野が願いを込めて強調するように、非核・非戦、平和・人権を唱えるあらゆる研究者、NGO、運動家たちが、専門の領域を横断してつながり、各所で共同の議論を重ねていくしかない。本書には、そうした〈場〉を創り出すために必要な思考の環が豊かにちりばめられている。

エピローグ ——周縁からの眼差し——

大学院で国際人権法の研究に従事しはじめたのはもう四半世紀も前のことだが、その当時、この法領域はいまだ亡羊たる揺籃期にあった。というより、国家間関係を基軸に議論を組みたてる国際法学のなかにあって、人間の権利を中核に据える思考方法にはいくぶんか冷たい視線すら注がれていたように記憶している。人権は、国際法の周縁でうごめく低位の位置づけを与えられていたにすぎなかった、というべきかもしれない。

もっとも、そうした〈周縁〉に身を置きながら研究を進められたことは、国際人権法の学徒として実に幸運ではあった。人権はすべての者に平等に備わっているとはいえ、その侵害はすべての者に平等に降りかかるわけではない。社会の周縁に追いやられた集団の構成員から優先的に被害を受けていくのが常である。人権問題とは、つきつめれば非対称な権力関係の表出そのものといってよい。日々体感できた周縁化の力学は、国際法においてなぜ人権が有意なテーマとして認知されてこなかったのかを構造的に問い直し、国際人権法がいったい誰のために何のために機能すべきなのかについて根源的に思索する大切な契機に転化していったように思う。

後知恵を駆使すれば美しい物語を簡単に創作できそうな気もするが、本当のところをいえば、私を国際人権法の世界にいざなった最大の誘因は、日常の取るに足らぬ偶然の積み重ねにすぎなかったというのが真相に近い。何か決定的な出来事が私の生き様を左右したというよりも、日々の生活のなかで偶然に遭遇した様々な不正義への小さな憤りの堆積が、社会変革のために動員される国際人権法への執着を増幅させていったというのが実相である。留学や在外研究あるいは国際機関の活動への参画といった華々しさを湛える瞬間も少なからずあった。だがそれ以上に、特記するほどもない微小な不条理感の継起にこそ、国際人権法との関係性を構築し、確固たるものに昇華させた真因があるのだと思っている。

むろん、憤怒の情動のみがそうした関係性の基層を成してきたわけではない。学問研究は楽しくなければやっていられない。私にとっての国際人権法の魅力は、何といっても実務とのかかわりにある。社会のそこかしこにおいて人権の実現のために身を挺している「無名の」人びとや、その営みを支える多くの人間たちとの出会いこそ、国際人権法からのかけがえのない贈り物にほかならない。

一九八九年暮れに中国の航空機を乗っ取り福岡に飛来した張振海を引き渡すべきかどうか

が争われた事件において、初めて専門家として法廷意見書を執筆する機会を与えられた。国際人権法の主張は結論的には退けられたものの、引渡し後の処遇について検討する法的義務の所在に注意を喚起できたことに、ほのかな充足感を覚えたことを想い起こす。法廷に意見書を提出した最初の事件だったこともあり、とりわけ印象に残っている。社会的不正義に対する研究の果実を、裁判や市民運動などの場に結び付けていくことは国際人権法研究者に課せられた重要な責務の一つであろう。四半世紀前とは様変わりし、人権が国際法の「主流」となって支配的価値を強制するために援用される風景が世界大で広がっている今日、その思いを改めて強くしている。

本書は、そんな思いを込め主に二〇〇三年から二〇〇七年にかけて社会に発信した私のメッセージの中から主要なものを選んで編んだものである。読みやすさや体裁などを考えて学術論文形式で発表したものやそれに近いものは本書には収録しなかった。また、初出が対談あるいは講演録だったものについては本書向けに加工を施したが、そのことによって初出時の勢いが削がれていないことを祈るばかりである。

この間、学術研究、市民/民衆運動、自治体の法実践の場などにおいて多くの方々から多大なご教示を賜った。おひとりおひとりお礼を申し述べるわけにはいかないものの、本書はそうした方々との邂逅によってはじめて生まれ得た産物でもあると思っている。

本書の企画・編集については、不磨書房の稲葉文子さんのご尽力を賜った。ここに記して感謝申し上げます。

二〇〇八年三月

阿部浩己

初出一覧

プロローグ——揺らぐ戦争違法の理念——　共同通信社配信（二〇〇六年三月）

Ⅰ　国際人権法の現在《いま》

1　抵抗と解放のためにこそ　ヒューマンライツ・ナウ設立総会記念講演（二〇〇六年八月）／『グアンタナモ収容所で何が起きているのか』（合同出版、二〇〇七年五月）

2　国際人権法を実践する　インパクション一三〇号（二〇〇二年五月）

Ⅱ　変革への歩み

1　国連改革の新たなはじまり　世界二〇〇五年一一月号／ジェンダーと法三号（二〇〇六年七月）

2　「強制失踪条約」の成立と課題　世界人権宣言大阪連絡会議ニュース二九六号（二〇〇七年四月）

3　戦争犯罪と死刑制度　死刑廃止国際条約FORUM90, vol.76（二〇〇四年五月）

Ⅲ　排除と連帯と

1　揺れる人道大国カナダの現在《いま》（一～三）」　自由人権協会NL三五五～三五七号（二〇〇五年七、九、一一月）

2　ジェンダー・ガイドラインのポリティクス——難民認定の法と政治——／法学セミナー二〇〇四年一二月号

3　難民認定手続のゆくえ　Cutting-Edge 一九号（二〇〇五年六月）

毎日新聞二〇〇五年七月一六日

4　管理／排除と寛容の間――入管法の改正――　神奈川大学共同研究報告書（二〇〇六年三月）

Ⅳ　〈再びの一九世紀〉を超えて

1　国際法からみた「報復戦争」　季刊ピープルズプラン一七号（二〇〇二年一月）

2　法の力で戦争を囲い込む

『戦争を起こさないための20の法則』（ポプラ社、二〇〇三年八月）

3　不正義への怒り　『イラク国際戦犯民衆法廷判決』（二〇〇五年六月）

4　集団的自衛権とは？　世界（別冊）七二三号（二〇〇四年一〇月）

5　帝国と、まっとうさを求める人間たちの声　神奈川大学評論四五号（二〇〇三年七月）

6　日本国憲法の人類史的意義　図書新聞二七七三号（二〇〇六年五月）

7　五年目の九・一一――〈再びの一九世紀〉から二一世紀へ――

神奈川人権センターニュース一七一号（二〇〇六年九月）

Ｖ　未来を紡ぐ

1　権利に伴う責任とは　ガールスカウトマガジン・オレブ五号（二〇〇四年七月）

2　将来の夢？　労働判例八七九号（二〇〇四年一二月）

3　日常の中の性暴力　神奈川大学通信JINDAI Style 一三〇号（二〇〇〇年一〇月）

4　男女共同参画社会の意味するもの　埼玉自治六四七号（二〇〇八年一月）

5　法科大学院の原風景・再訪

グローブ五一号（二〇〇七年一〇月）／横浜弁護士会新聞二〇〇七年一〇月号

6　法教育を遠望する
『横浜の法教育』、横浜市教育委員会（二〇〇七年三月）

7　いまこのときにある未来
神奈川大学評論四六号（二〇〇三年一一月）

Ⅵ　同時代を読む

横田洋三『日本の人権／世界の人権』
国際人権一五号（二〇〇四年）

中国人戦争被害賠償請求事件弁護団編『砂上の障壁――中国人戦後補償裁判一〇年の軌跡』
法学セミナー二〇〇五年一二月号

最上敏樹『国境なき平和に』
論座二〇〇六年四月号

ダグラス・ラミス『憲法は政府に対する命令である』
図書新聞二七九五号（二〇〇六年一〇月）

武藤一羊『アメリカ帝国と戦後日本国家の解体――新日米同盟への抵抗線』
季刊ピープルズプラン三七号（二〇〇七年二月）

藤岡美恵子ほか編『国家・社会変革・ＮＧＯ』
神奈川大学評論五六号（二〇〇七年三月）

中野憲志編『制裁論を超えて――朝鮮半島と日本の〈平和〉を紡ぐ』
軍縮地球市民一〇号（二〇〇七年一〇月）

エピローグ――周縁からの眼差し――
法学セミナー二〇〇六年一二月号

＊本書の各章は、右に掲載されたものを土台としたが、大幅な組替え・修正等を行った。

プロフィール

阿部浩己（あべ・こうき）

1958年伊豆大島生まれ。早稲田大学大学院法学研究科博士後期課程単位取得。
神奈川大学法科大学院教授。国際人権法学会・ジェンダー法学会・日本平和学会理事。国際法学会評議員。日本学術会議連携会員。人権NGOヒューマンライツ・ナウ理事長。国際法・国際人権法専攻。主な著書に、『人権の国際化』・『国際人権の地平』（以上、現代人文社），『テキストブック国際人権法』（共著，日本評論社），『戦争の克服』（共著，集英社），『フェミニズム国際法』（監訳，尚学社），『難民保護への課題』（監修，国連難民高等弁務官事務所）など。

抗《あらが》う思想／平和を創る力

2008年4月25日　第1版第1刷発行

著者　阿部浩己

発行　不磨書房
〒113-0033 東京都文京区本郷6-2-9-302
TEL 03-3813-7199／FAX 03-3813-7104

発売　㈱信山社
〒113-0033 東京都文京区本郷6-2-9-102
TEL 03-3818-1019／FAX 03-3818-0344

印刷・製本／松澤印刷

ISBN978-4-7972-9143-8　C3332

家正治編（姫路獨協大学教授）
講義 国際組織入門
本体二、九〇〇円

廣部和也／荒木教夫
導入対話による 国際法講義【第2版】
本体三、二〇〇円

水上千之／臼杵知史／吉井淳編
国際法
ファンダメンタル法学講座
本体二、八〇〇円

松田幹夫 編
みぢかな 国際法入門
本体二、四〇〇円

gender law books

ジェンダーと法

辻村みよ子 著（東北大学大学院教授）

A5変・上製カバー　本体三、四〇〇円

［以下続刊］

ジェンダーと刑事法　後藤弘子・島岡まな・岡上雅美

ジェンダーと家族法　二宮周平

ジェンダーと社会保障法　本澤巳代子・古橋エツ子

ポルノ・買春問題研究会／角田由紀子

キャサリン・マッキノンと語る
ポルノグラフィと買売春

個人的背景■誹謗と中傷のなかで■サバイバーとともに■ユーゴ、沖縄、アフガニスタン■沖縄レイプ事件裁判■セックスワーク論をめぐって■セックスワーカーとの活動■売春防止法と性差別■売買春と公民権法■人身売買■反ポルノに取組む男性たち

四六変　本体一、五〇〇円

浅倉むつ子 監修（早稲田大学大学院教授）

導入対話による ジェンダー法学【第2版】

◇男女共同参画実現のために、ジェンダー視点から法学を学ぶ◇ A5変 本体二、四〇〇円

Ⅰ ジェンダーと差別

国際法におけるジェンダー［阿部浩己］

セクシュアリティと家族法［林瑞枝］

雇用差別［相澤美智子］

貧困と社会保障［浅倉むつ子］

税金と年金［山崎久民］

Ⅱ ジェンダーからの解放

女性に対する暴力［戒能民江］

刑事司法とジェンダー［宮園久栄］

からだ―リプロダクティブ・ヘルス／ライツ［堀口悦子］

男女共同参画の取組み［武田万里子］

戒能民江 著（お茶の水女子大学教授）

ドメスティック・バイオレンス

1　沈黙を破った女たち
2　ジェンダーと女性に対する暴力
3　ＤＶ防止法の成立

◇女性の人権を守るためのＤＶ基本書◇

ＤＶの基礎から法改正へむけての視点

二〇〇二年度［山川菊栄賞］受賞

Ａ５変・上製カバー　本体三、二〇〇円

浅倉むつ子・角田由紀子 編

比較判例ジェンダー法

女性に対する暴力／労働／自己決定
差別の是正・被害者救済

Ａ５変　上製カバー　本体三、二〇〇円

二宮周平・村本邦子 編

法と心理の協働

法と心理の協働の必要性／米国調査に学ぶ法と心理の連携
協働の試み／ケースに見る法と心理の協働の可能性

Ａ５変　本体二、六〇〇円

横田洋三 著
日本の人権／世界の人権
人権は「やさしい」
四六変　本体一、六〇〇円

阿部浩己 著
抗う思想／平和を創る力
国際人権法を実践する
四六変　本体一、六〇〇円

佐藤隆夫 著
現代の子ども
子どもたちの人権はどう守られるのか
四六変　本体一、六〇〇円